주교요지

한글 편집 **박종천**

서울대 종교학과를 졸업하고 동대학원에서 한국유교를 전공으로 박사학위를 받았습니다. 한국국학진흥원 책임연구위원을 거쳐서 현재는 고려대학교 민족문화연구원(Research Institute of Korean Studies) 교수(Professor) 겸 문과대학(College of Liberal Arts) 인문학과문화산업융합전공(Humanities and Creative Industry), 동대학교 대학원 영상문화학협동과정(Visual Culture Studies) 및 인문학과동아시아문화산업협동과정(Program in Humanities and East Asian Cultural Industry) 교수로 일하고 있습니다.

한국유교, 종교학, 영화, 만화, 문화산업, 문화콘텐츠 등에 대한 연구와 강의를 진행하고 있습니다.

주교요지

초판 발행 2024년 1월 22일

지은이: 정약종
펴낸이: 손영란
편집: 박종천, 이효원
디자인: 박송화

펴낸곳: 키아츠
주소: 서울시 도봉구 마들로 624, 302호
전화: 02-766-2019
팩스: 0505-116-2019
홈페이지: www.kiats.org
이메일: kiatspress@naver.com
블로그: blog.naver.com/kiatspress
페이스북: www.facebook.com/kiatspress

ISBN: 979-11-6037-219-9(03230)

이 책은 1932년 6월 30일 출판된 《주교요지》 활자본(뮈텔 주교의 감준 아래 최초의 활자본을 저본으로 첨삭하여 완성한 최종 활자본)을 주요 저본으로 삼고 현존 최고(最古)본인 절두산 순교박물관 소장본(필사본-a)과 1885년 블랑 주교가 감수한 절두산 순교박물관 소장본(목판본-a)을 대조했습니다. 2012년 키아츠에서 출판한 '한국 기독교 고전 시리즈' 《주교요지》의 보급판으로 저작권은 키아츠에 있습니다. 무단 전재와 복제를 금합니다.

주교요지

정약종 지음 | 키아츠 엮음

차례

키아츠 20주년 기념판 서문 / 6

2012년판 서문 / 12

머리말 / 14

본문 / 34

정약종 연보 / 118

참고문헌 / 120

키아츠 20주년 기념판 서문

키아츠KIATS는 한국 기독교의 유산을 학문적으로 정리하고 이를 세계 기독교인들과 나누겠다는 목표로 2004년에 설립되었다. 2005년부터 5년간 9호가 발행된 영문저널 *KIATS Theological Journal*은 한국 기독교와 관련된 다양한 연구들을 한국 신학자의 시각으로 기획해 세계와 나눈 첫 번째 작업이었다. 이후 2008년부터 2012년까지 길선주, 손양원 등 한국 기독교를 대표하는 목회자 10인을 선정해 그들의 주요 저작을 '한국기독교지도자작품선집'이란 시리즈로 한글과 영어로 각각 출간했다. 동시에 한국 기독교를 큰 범주로 나누어 '한국 기독교 고전 시리즈', '한국 기독교 선교사 시리즈', '기독교 영성 선집'으로 작업을 진행했다.

이중 '한국 기독교 고전 시리즈'는 몇 가지 면에서 가장 기억에 남는 작업이었다. 인문학에서 하나의 학문 분과가 자리 잡기 위해서는 각 분야에서 고전적 위치를 갖는 작품들에 대한 원전 정리작업이 필수적이다. 기독교 문헌을 정리한 PG(Patrologia Graeca)

와 PL(Patrologia Latina)뿐만 아니라 하버드대학에서 간행 중인 Loeb Classical Library의 중요성은 굳이 설명할 필요가 없다. 키아츠는 한국 기독교 문헌들을 연구하면서, 한국가톨릭과 개신교가 비록 길지 않은 역사를 지녔지만 한국인과 세계인이 같이 나눌 가치 있는 작품들이 적지 않다고 생각했다. 그래서 가톨릭과 개신교의 차이를 넘어, 개신교의 교단적 차이를 넘어 한국 기독교의 특징을 잘 보여주는 작품을 현대 한글어 편집본과 영어 번역본을 담아 국내외 사람들과 나누고자 했다. 대신에 한국 기독교의 역사가 서구 기독교에 비해 짧고 고전에 대한 다양한 판본과 이본의 역사도 짧은 점을 고려해 해당 작품의 원전을 사진으로 담아 출간하기로 했다. 그렇게 해서 2008년부터 2012년까지 총 6권이 이 시리즈로 출간되었다.

키아츠가 이 시리즈로 간행한 첫 번째 책은 길선주 목사의 《만사성취》이다. 이 책은 길선주 목사가 기독교로 개종하는데 도움을 준 존 번연의 《천로역정》을 5언 절구와 7언 절구의 한시와 한복을 입은 한국인 삽화를 사용해 한국적인 독법으로 읽어낸 작품이다. 다음으로 김익두의 《조선예수교회 이적명증》은 일제강점기인 1921년에 간행된 책으로, 기독교 신앙이 기초해 전국적으로 기적을 일으키며 교회와 성도들에게 힘을 더해준 김익두 목사의 기적에 대한 자료를 모은 책이다. 한국의 무디라 불리는 이성봉 목사의 《명심도 강화》는 19세기 독일의 고스너J. E. Gossner가 지은 *Das Herz des Menschen*[The Human Heart]이란 책이 서유럽과 미국과 중국을 거쳐 윌리엄 베어드William Baird의 한국어 번역을 통해 한국에 소개되고, 이성봉 목사가 이를 한국인의 시각에서 다시 풀어낸 책이다. 길선주의 《말세론》은 20세기 전반 한국 기독교인들이 일제강점기를 겪으며 어떻게 종말론을 사모하고 이해했는지를 길선주의 강연과 기고 기록을 통해 잘 접하게 해 준다. 최병헌 목사의 《성산명경》은 전통적인 한국인의 종교였던 유교와 불교와 도교, 그리고 자신이 믿은 기독교를 대표하는 인물들이 성산이란 산에 모여 토론하는 형식을 담은 글이다. 정약종의 《주교요지》는 한국 기독교 최초의 조직신학 책으로 불러도 손색이 없는 초기 한국 가톨릭 지도자가 이제 막 받아들인 기독교의 주된 가르침을 압축적으로 담은 책이다.

키아츠의 '한국 기독교 고전 시리즈'는 필자가 숭실대학교에서 가르치던 시기에 숭실대학교가 소장하고 있던 한국 기독교의 희귀 작품을 숭실대학교의 연구 후원으로 출간한 데서 기본 구상이 시작되었다. 숭실대학교와 한국기독교박물관의 이름으로 한국 기독교 고전 세계화 시리즈로 출간된 이 책은 《니벽선생몽회록》, 《유한당언행실록》, 《사후묵상》이란 19세기 한국가톨릭 자료를 담았는데, 이 책은 현대 한글 편집본, 영어 번역본, 원전 사진으로 구성되어 2007년 평양 부흥운동 100주년을 기념해 간행되었다. 그리고 키아츠는 2016년에 한국의 독립운동에 기여한 공로로 34번째 민족대표라 불린 캐나다 선교사 윌리엄 스코필드의 자료들을 동일한 구성으로 호랑이스코필드기념사업회와 함께 출간하였다.

한국 기독교 고전 시리즈 작업은 매우 가치 있는 작업이었지만, 크게 3가지 이유로 힘든 작업이었다.

첫째는 원전 자료의 확보였다. 우리가 선정한 작품들은 몇몇 학교나 기관들이 소유하고 있었는데, 신생연구기관이던 키아츠가 책에 넣을 자료 협조를 받는 일은 늘 여러 절차와 시간이 필요했다. 다행히 고려대학교와 연세대학교의 협조와 호의가 컸다.

둘째는 연구진들의 협업이었다. 내용 자체도 어렵거니와 한문과 옛글이 섞여 있는 관계로 보통 2-3명의 교수급 연구진들의 협동작업은 필수적이었다. 다행히 고려대학교의 박종천 교수와 미국에서 가르치는 드버니아 토레이 교수, 미국에서 활동 중인 허원재 신부, 프린스턴신학대학에서 내가 가르쳤던 미국 시애틀의 제라 블롬퀴스트Jera Blomquist의 도움이 컸다.

셋째로 연구에 필요한 재정 문제였다. 원전을 사진 파일로 담고, 현대 한글로 편집하고, 영어로 번역과 편집을 하고, 두툼한 장정판으로 출간하는 데는 막대한 재정이 필요했다. 다행히 우리는 책 한 권의 인쇄비용을 한 교회나 기관에서 확보하자는 생각으로 국내외를 뛰어다녔고, 많은 교회가 어려운 자신들의 여건에도 불구하고 도움을 주셨다. 분당중앙교회(최종천 목사), 미국 LA의 사랑의 빛 선교교회(김재문 목사), LA의 은혜한인교회(한기홍 목사), 미국 아틀란타의 한인연합장로교회(작고하신 정인수 목사), 미국 달라스 중앙연합감

리교회(이성철 목사), 한국도자기(이의숙 회장)의 후원과 기도로 이런 가치 있는 작업을 진행할 수 있었다.

국내외가 멀다 하고 찾아가서 프로젝트의 중요성을 설명하고, 설교와 강의를 통해 잠재적인 후원자들께 내용을 풀어드리고, 부족한 연구비를 확보해 가면서 연구와 번역과 편집과 출간에 매달릴 수 있었던 것은 바로 그런 분들의 도움과 기도 때문이었다. 그리고 충분한 대우도 해 줄 수 없었지만, 늘 같이 묵묵히 수고해 준 키아츠 가족들의 도움이 컸다. 대학을 막 졸업하고 키아츠의 거의 지난 20여 년간을 같이 해 준 박송화 선생을 비롯한 여러 분께 진심으로 감사를 드린다.

그렇게 수많은 분의 헌신과 후원과 노력을 온전히 먹고 나온 이 시리즈, 비록 6권으로 멈추었지만, 그 가치를 독자들과 다시 한번 나누고 싶었다. 그래서 이번에 일반 독자들이 쉽게 읽을 수 있는 《주교요지》와 《성산명경》을 한글 부분만 뽑아 기독교 영성 시리즈에 편입시켰다. 한국 기독교 고전 시리즈의 경우 원전의 맛을 살리기 위해 한자와 옛말은 될 수 있는 대로 원문 그대로 남겨 두고 이해를 돕기 위한 보충설명을 더했는데, 이러한 편집을 그대로 유지하면서 판형과 디자인에 변화를 주었다. 앞으로 나머지 고전 시리즈도 기독교 영성 시리즈에 담을 계획이다. 이 힘들지만 의미 있는 과정에 함께 애써 준 류명균, 최선화 연구원들에게 감사를 표한다.

비록 여섯 권으로 중단된 이 시리즈 작업이 언젠가 다시 시작될 날이 오기를 기대한다. 한국가톨릭교회와 한국 개신교회가 한국에서 종교적 실체가 된 것은 그리 오랜 세월이 아니지만, 수많은 주옥 같은 작품들을 남겼고, 그 가치는 후기기독교사회로 제대로 겪지 못하고 탈 기독교 사회로 질주하는 한국의 종교문화의 지평에 여전히 가치를 갖는다고 생각하기 때문이다.

2023년 12월
키아츠 원장 김재현

2012년판 서문

1910년 에딘버러 회의 이후 비-서구 기독교권 선교의 필요성과 아시아, 아프리카, 남미 기독교의 역할은 꾸준히 강조되어 왔다. 최근 급격하게 발전하는 한국, 중국, 인도의 기독교 상황이 보여주듯이, 이제 비-서구 기독교는 세계 기독교 이해에 선택이 아닌 필수적인 면이 되었다. 그러나 서구와 비-서구 기독교의 균형 잡힌 대화와 소통은 아직도 요원하다. 이러한 소통과 대화의 불균형의 원인 가운데 하나는 비-서구 기독교를 제대로 이해할만한 원-자료들이 충분히 정리되지 않았고, 영어와 같은 국제적인 언어를 통해 접근하기가 어려웠기 때문이다.

짧은 기간 동안 엄청난 교회 성장을 이루어온 한국 기독교의 경우도 마찬가지이다. 한국 기독교는 세계 2천년 기독교 역사에 유례가 없을 정도로 단시간에 박해와 고난, 열정과 헌신, 교회 성장과 선교와 같은 폭넓은 경험을 맛보았다. 이러한 경험은 조선 유학자와 가톨릭 교우간의 논쟁, 박해와 순교를 참된 신앙에 대한 묵상으로 승화시킨 명상과 설교, 열정과 역동성을 표출한 성직자들과 평신도들의 다양한 글들을 통해 표출되어 왔다.

이런 맥락에서 한국고등신학연구원(KIATS)은 한국 기독교의 고전적 작품들을 편찬하고, 영어로 번역하여 국내외 사람들이 보다 쉽게 접근할 수 있도록 〈한국 기독교 고전 시리즈〉를 시작하게 되었다. 우리는 가톨릭과 개신교를 포함하여, 한국 기독교 역사에서 신앙적, 학문적, 사료적인 가치를 갖는 작품을 먼저 다루려 한다. 특히, 그 가치와 중요성에도 불구하고 일반인들이 쉽게 접할 수 없는 자료를 일차적인 대상으로 삼고자 한다.

한국 교회 성도들은 이 시리즈를 통해, 평소 접근하기 어려웠던 한국 기독교의 중요한 원전原典 자료를 보다 쉽게 접할 수 있을 것이다. 무엇보다 우리가 우선적으로 담아낼 18세기 가톨릭과 19세기 말 20세기 초 개신교 문헌들은 한국기독교의 형성과정을 잘 보여줄 것이다. 우리는 믿음의 선배들의 삶과 신앙을 통해 과거 유산을 재발견하고 오늘을 반추하는 계기로 삼아, 더 나은 미래를 꿈꿀 수 있을 것이다. 더 나아가 각각 영어번역-현대한글편집-원문으로 구성될 본 시리즈는 서구 기독교가 아시아와 비-서구 기독교의 유산을 새롭게 맛보는 기회를 만들어 줄 것으로 기대한다.

2012년 3월
키아츠 원장 김재현

머리말

정약종(丁若鍾, 1760-1801)과 《주교요지》

정약종의 생애와 신앙활동

정약종과 그의 가문은 한국 그리스도교, 특히 천주교의 형성과 발전에 매우 중요한 역할을 감당했다. 1779년 경기도 인근 남인南人 계열의 몇몇 양반 자제들이 주어사走魚寺에서 강학회講學會로 모여 18세기 후반 북경을 통해 들어온 서학西學과 관련된 책들을 읽은 후, 자발적으로 천주교 신앙에 입문했던 것이 한국 천주교 신앙의 기원이 되었다. 이는 외국의 선교사가 들어오기 전에 자생적인 신앙고백과 더불어 교회가 설립된 매우 드문 예로서 세계적인 주목을 받고 있다. 먼저 천주교에 입문했던 형 정약전(丁若銓, 1758-1816)과 동생 정약용(丁若鏞, 1762-1836)의 뒤를 이어 정약종은 형제들보다 뒤늦게 천주교에 입교했다. 그러나 1787년 정미반회丁未泮會(반촌에서 서학을 공부하던 자들을 성토한 사건)와 1791년 진산 사건(제사를 거부하고 어머니의 신주를 불사른 윤지충尹持忠 사건) 이후 신해박해를 거치면서 많은 사람이 천주교에 입교한 사실 때문에 정치적 유배를 당하자,

그의 형제들이 공식적으로 신앙을 저버렸던 것과 달리, 정약종은 철저하게 신앙을 지키다가 순교했다.

한국 천주교 초기 평신도 지도자였던 정약종은 전국적인 평신도 단체인 명도회明道會의 회장으로서 활발한 전도활동을 펼쳤다. 그의 조카사위 황사영黃嗣永이 《백서帛書》에 기록한 바와 같이 그는 교리연구, 강론, 묵상 등에 매진했다. 또한, 그는 한글로 쓰인 최초의 교리서인 《주교요지》를 저술했던 한국 천주교의 교부敎父적 신학자였다. 한국교회 박해의 서막을 열었던 1801년, 순교로 삶을 마감한 정약종의 일생은 그리스도교의 중요한 전통인 순교의 모범이 되어 지금까지도 깊은 영향을 미치고 있다.

정약종은 1760년 경기도 광주의 마재(경기도 남양주시 와부읍 능내리)에서 진주 목사로 있던 정재원의 다섯 자녀 중 셋째로 태어났다. 그의 가문은 남인 명문가였다. 그의 형제들은 남인의 거두巨頭였던 성호星湖 이익(李瀷, 1681-1763)의 학맥에 속해 있었고, 그 중에서도 권철신(權哲身, 1736-1801) 등과 함께 신서파信西派 계열로 활동했다. 특히 정약종의 형제들은 이벽(李檗, 1754-1786)과 이승훈(李承薰, 1765-1801) 같은 초기 천주교 지도자들과 학연이나 지연으로 긴밀하게 연결되어 있었다. 신유박해를 통해 그들과 함께 정치적인 유배를 당하거나 종교적 순교를 당했다.

유교적 학문을 익히고 정치에 나섰던 정약전이나 정약용과는 달리, 정약종은 본래 불로장생을 꿈꾸며 도교에 심취해 있었다. 그러나 곧 도교의 허망함을 깨닫고서, 1786년 처음으로 자신의 둘째 형인 정약전을 통해 천주교 교리를 접하게 되었다. 그리고 같은 해 권일신을 대부로 삼아 이승훈에게 세례를 받고 '아우구스티노(아오스딩)'라는 세례명을 받았다.

정약종은 평신도였다. 그러나 그는 지속해서 교리를 연구하고 묵상했다. 또한 신도들 간의 교제를 증진하고, 교우들을 방문하여 교리를 교육하는 일에 전념했다. 그는 사제와 지도자가 없던 시절 교회를 운영하는 일에도 적극 참여했다. 1791년 진산 사건을 시발점으로 한국 천주교에 대한 첫 번째 박해인 신유박해가 시작되자, 광주 분원 지역에 이주해 살면서 인근 교우들과 교류하며 몇몇 하층민들에게 교리를 가르쳤다. 1794년 이후에는 지도층 신자들을 규합하여 교리를 연구하는 작은 공동체운동을 벌였다. 1797-1798년에는 서울을 오가면서 주문모(周文謨, 1752-1801) 신부를 돕는 한편, 광암 이벽의 《성교요지聖敎要旨》를 본떠서 한국 천주교 최초의 한글 교리서인 《주교요지》를 저술했다. 그리고 1799년부터는 평신도 단체인 명도회의 초대 회장으로서 활발하게 활동했다.

1800년 음력 5월 이후 박해의 손길이 다가오자, 정약종은 서울로 이사했다. 1800년 6월 정조의 갑작스러운 죽음 이후, 본격적으로 천주교에 대한 박해가 시작되었다. 신변의 위험을 느낀 정약종은 자신이 가지고 있던 성상聖像, 교리 서적, 주문모 신부의 편지 등을 고리짝에 넣어 임대인任大仁을 통해 안전한 곳으로 옮기려 했다. 그런데 이 과정에서 몰래 도살한 쇠고기를 옮기는 것으로 오해를 받아 한성부 관리에게 적발되었다. 이 일로 인해 1801년 음력 2월

9일 이가환, 정약용, 이승훈, 홍낙민 등이 체포되었고, 2월 11일에 정약종은 권철신 등과 함께 포도청에 끌려가 조사를 받고 심문 과정에서 결국 천주교 신자임이 밝혀졌다.

정약종은 고리짝의 내용물이 모두 자기의 것이라 시인하면서 목숨을 걸고 천주교 교리를 옹호했다. 황사영은《백서》에서 "천주는 천지간의 큰 임금이요, 큰 아버지입니다. 천주를 섬기는 도리를 알지 못하면 곧 천지간의 죄인이 되는 것이니, 비록 산다고 해도 죽느니만 못합니다."라고 고백함으로써 군사부일체君師父一體의 유교적 강상綱常윤리를 인정하면서도, 육신의 임금이나 아버지보다 더 큰 아버지이자 임금인 천주를 역설하고, 천주교 신앙이 보다 높은 차원의 충효임을 설파했다.

그러나 그는 조정에서 알아내고자 했던 사실, 곧 비밀리에 활동하던 주문모 신부의 거취에 대해서는 한마디도 하지 않았다. 갖은 고문을 당하면서도 끝까지 천주에 대한 부인을 거부하던 정약종은 결국 1801년 2월 26일 서소문 밖에서 참수되었다. 그는 박해를 받고 죽는 순간까지도 천주교의 교리를 조금 더 쉽고 간략하게 정리한《성교전서聖敎全書》를 쓰고 있었던 것으로 전해지고 있다.

가족의 순교이야기

정약종의 형제들 가운데 큰 형 정약현은 정계에 진출하지도 않았을뿐더러 천주교와도 무관했기 때문에 박해 당시 별다른 해를 입지 않았다. 그러나 그의 사위인 황사영은《백서》사건으로 순교를 당했으며, 처남 이승훈도 정약종과 함께 순교했다. 둘째 형 정약전과 동생 정약용은 배교를 해서 목숨은 구했으나, 오래도록 유배생활을 해야 했다. 16년간 흑산도에서 유배 생활을 한 정약전은 《자산어보茲山魚譜》란 최초의 어류 생태서를 저술했다. 그리고 18년간 강진의 바닷가에서 유배 생활을 견딘 정약용은 《여유당전서與猶堂全書》를 집필하여 조선 후기의 실학實學사상을 집대성했다. 1791년 제사를 거부하고 어머니의 신주를 불사른 윤지충尹持忠 사건(진산 사건)이 계기가 되어 배교했던 형제들 역시, 성리학만 인정받던 시절에 당시 새로운 종교였던 천주교 사상을 접하면서 시대를 선도하는 훌륭한 업적을 남겼다.

무엇보다도 정약종 식솔들의 피해가 가장 컸다. 정약종의 전처 소생인 큰아들 가를로 정철상丁哲祥도 음력 1801년 4월 2일 서소문 밖에서 순교를 당했다. 정약종의 부인 유소사(체칠리아, 1761-1839)와 작은아들 정하상丁夏祥(바오로, 1795-1839), 딸 정정혜丁情惠(엘리사벳, 1797-1839)는 신유박해를 모면하기는 했지만, 1839년 기해박해 때에 체포되어 모두 순교를 당했다. 특히 정하상은 아버지 정약종의 열정을 그대로 이어받아 아홉 번이나 북경을 오가면서 조선에 천주교 사제를 초빙하려고 시도했다. 그러나 그는 1939년 9월 22일 순교의 잔을 마셔야만 했다. 정하상이 남긴 영의정에게 보내는 편지라는 의미의 《상재상서上宰相書》는 한국 천주교 최고의 변증서에 속한다. 2005년 한국고등신학연구원(KIATS)은 정하상의 작품을 영어로 출간했다.[1] 유소사, 정하상, 정정혜 등은 1925년 7월 5일 교황 비오 11세Pius XI에 의해 시복되었으며, 1984년 5월 6일 한국 천주교회 창설 200주년을 기해 방한한 교황 요한 바오로 2세Joannes Paulus II에 의해 시성되었다.

《주교요지》의 내용

《주교요지》는 한국 사람이 저술한 최초의 천주교 한글 교리서이자 호교론적護敎論的 신학서이다. 이 글은 하나님의 천지창조에서 시작하여 예수님의 구속사역과 종말에 관한 이야기 등을 간결하게 담고 있다. 또한 불교나 도교 같은 동양 종교에 대한 비평적 고찰과 함께 일반적인 행동규범에 대한 천주교적 입장을 간략하게 논하고 있다.

이본마다 어느 정도 분량의 차이는 있지만, 《주교요지》는 몇몇 경우를 제외하고는 보통 상·하 2편 1책으로 구성되어 있다. 그리고 내용상으로는 목차와 본문으로 구성되어 있으며 작게는 32개, 길게는 45개의 소 항목으로 나뉘어 다양한 주제를 담고 있다. 《주교요지》의 주요 내용은 다음과 같다. (1) 신 존재 증명, (2) 천주의 속성, (3) 도교와 불교에 대한 비판, (4) 상선벌악과 천당과 지옥, (5) 천지창조, (6) 천주의 강생과 구속, (7) 예수의 부활, (8) 원조의 범죄, (9) 영혼 불멸, (10) 천주교회에 대한 일반적인 내용이다. 황사

---

1. Paul Ha-Sang Chong, "Sang-Jaesang-Seo"[A Letter Addressed to the Prime Minister], Translated by Won-Jae Hur, Edited and Introduced by Jae-Hyun Kim, *KIATS Theological Journal* I. 2(2005), pp. 133–147.

영은 《백서》에서 정약종이 이 책을 쓰기 위해 기존의 여러 책을 인용했고, 정약종 스스로 자신의 의견을 더했다는 사실을 밝히고 있다. 이렇게 구성된 책은 주문모 신부의 인가를 받아 출간되었다.

정약종은 한문을 모르는 평민들에게 신앙의 교리를 가르치기 위해 한글로 《주교요지》를 썼다. 당시 대부분의 책이 한문으로 쓰였다는 점을 감안해 보면, 천주교 교회의 최초 교리서가 한글로 쓰였다는 것은 매우 의미심장하다. 이는 중인, 농민, 아녀자 등 하층민들과 소외계층까지 포괄하여 기독교 진리를 깨닫게 하려고 한 노력의 산물이라고 할 수 있다. 이러한 노력은 중국과 조선에서 유교와 불교의 경전이나 주석서들이 양반을 중심으로 한 상류층들만 접할 수 있도록 한문으로 작성 혹은 번역된 것과 비교해 보면, 더욱 그 진가가 빛난다. 이런 노력은 가장 천대받던 천민마저도 차별 없이 형제로 대우하는 신앙의식의 발로였다. "천국은 두 개가 있다. 하나는 만민이 평등하다는 천주교회이고, 다른 하나는 내세의 천국이다."라고 말한 천민 순교자 황일광(黃日光, 1757-1802)의 고백은 양반과 상민의 구별을 타파하는 천주교의 만민평등의식을 직접 교회공동체 안에서 경험하고, 또한 한글로 된 《주교요지》를 통해서 그러한 의식의 기반이 되는 교리를 접했기 때문에 나온 것이다. 어쩌면 박해를 피해 깊은 산골짜기를 찾아 뿔뿔이 흩어졌던 신자들이 공통된 신앙을 고백하며 교회공동체를 유지할 수 있게 만든 것도 《주교요지》 덕분이었을 것이다. 그래서 주문모 신부 역시 이 책이 중국의 《성세추요盛世芻蕘》보다 나은 책이라 호평했다. 정약종

한 사람의 열정과 영성이 초기 100년 한국 천주교회의 주춧돌 역할을 한 것이다.

《주교요지》 이본들

《주교요지》의 저작 연도에 대하여는 아직 논란이 많은 것이 사실이다. 이 책이 정약종이 입교한 1786년부터 순교한 1801년 사이에 저술되었을 것이라는 사실은 분명하다. 그러나 내용의 완성도로 볼 때, 이 책은 주문모 신부가 입국하여 활동한 1790년대 후반기에 작성되었을 것으로 추정되며, 계속 필사되어 널리 읽히다가 다블뤼Daveluy 주교가 1864년 목판본을 간행한 뒤부터 목판본과 활자본으로 여러 차례 간행된 것으로 보인다.

《주교요지》는 지금까지 필사본, 목판본, 활자본으로 나뉘어 많은 이본이 남아 있다. 그러나 이 책의 최초 원본을 확인하기는 어렵다. 50여 종에 이르는 다양한 이본들은 대체로 필사본, 목판본, 활자본 순으로 필사 혹은 간행되었다. 현존하는 최고最古의 필사본으로서는 1800년에 필사한 것으로 추정되는 절두산 순교박물관 소장의 필사본(필사본-a)이 있고, 절두산 순교박물관 소장 필사본을 저본底本으로 첨삭한 한국교회사연구소 소장 필사본들(필사본-b, 필사본-c)이 있다. 1885년 간행된 목판본(목판본-a)은 블랑Blane 주교의 감준 아래 한국교회사연구소 소장 필사본을 저본으로 첨삭한 것으로 추정되며, 절두산 순교박물관에서 소장한 2권의 책 외에 몇 종이 더 있다. 활자본은 블랑 주교의 감준 아래 목판본을 저본으로 첨삭하여 1887년에 간행된 절두산 순교박물관 소장 활자본(활자본-a)이 최초이며, 뮈텔Mutel 주교의 감준 아래 그것과 동일한 형태와 내용을 갖춘 목판본들이 1897년, 1906년, 1909년 등에 제작되었다. 1932년 6월 30일과 1932년 7월 16일에는 뮈텔 주교의 감준 아래 최초의 활자본(활자본-a)을 저본으로 첨삭하여 완성한 최종 활자본(활자본-f)이 간행되었다. 현존하는 활자본들은 한국교회사연구소를 비롯하여 다양한 곳에 소장되어 있다.

이 책의 연구와 출판을 위해 우리는 KIATS가 구입한 1932년 6월 30일 출판된 활자본(활자본-f)을 연구와 번역을 위한 저본으로 삼았다. KIATS본은 책의 크기가 가로 18.7cm, 세로 10.9cm로 다른 필사본이나 목판본보다 약간 더 작고, 페이지가 장수가 아니라 면수로 표시되어 있다. 또한 이 책은 목록과 본문이 별도로 수록되어 있고, 상·하 2편의 1책으로 되어 있다. 책 전체는 목록 4면, 상편 34면, 하편 56면, 총 94면으로 구성되었고, 각 면은 11행으로 구성되었으며, 각 행의 글자 수는 30자 내외이다. 문단은 비교적 잘 나뉘어 있고, 어려운 한자는 괄호 안에 한자가 병행 표기되어 있다.

본서는 《주교요지》 본문의 내용과 내용의 변천을 비교해서 분석할 수 있도록 하기 위해서 저본으로 삼은 KIATS 소장 활자본 외에도 현존 최고본인 절두산 순교박물관 소장본(필사본-a)과 1885년 블랑 주교가 감수한 절두산 순교박물관 소장본(목판본-a)을 대조하여 비평적 편집 정본으로 완성하였다. 그러므로 독자들은 이 편집 정본을 통해 《주교요지》가 1800년 필사본, 1885년 목판본, 1932년 활자본을 거치면서 시대에 따라 변화하는 양상을 이본 계열별로 확인할 수 있을 것이다.

KIATS 소장 활자본을 필사본과 목판본과 비교해 보면, 활자본에는 필사본과 목판본에서 대체로 논란이 될 만한 내용을 다룬 장들이 빠져 있다. 특히 상편에서는 도교와 불교에 대해 다룬 17장-26장이 빠져 있고, 후편에서는 예수가 승천한 흔적을 기술한 5장이 빠져 있다. 삭제된 부분들은 도교와 불교 등 타 종교에 대한 비판적 내용으로서 아시아의 다원적 종교 상황 속에서 크게 논란이 될 만한 부분들과 논의 전개상 의심의 여지가 있는 부분들이다. 필사본과 목판본이 완성되고 읽히던 19세기 조선은 유교와 불교 등의 동양 전통종교에서 벗어나 천주교로 개종하여 순교가 일어나던 시기였지만, 활자본이 간행된 20세기에는 종교의 자유가 보장된 근대사회였다. 따라서 활자본의 새로운 편집은 이러한 시대적 변화를 반영하여, 타 종교 비판으로 인한 사회적 갈등을 증폭시키지 않으면서도 천주교 신앙의 핵심적 부분만을 부각하려는 의도를 담고 있다고 평가할 수 있다.

그 외의 부분은 전체 본문의 전개에 영향을 미치지 않을 정도의 부분적인 단락의 차이가 보이는데, 이러한 차이가 전체 논지에 영향을 주지는 못한다. 우리는 독자들의 편의를 위해서 활자본을 저본으로 삼되 필사본이나 목판본과 차이가 나는 부분은 주석을 통해 별도로 표기해 두었다.

명도회

 정약종은 당대 평신도 대표 기관에 해당하던 명도회明道會의 초대 회장을 지냈다. 명도회는 중국에서 조선으로 건너온 주문모 신부가 성직자가 없던 한국 교회의 상황 가운데 평신도의 중요성을 인정해서 만든 평신도 단체이다. 야고보 주문모 신부는 1794년 말 비밀리에 입국했는데, 자유로운 포교활동이 어려웠던 당시 상황을 고려해 평신도들의 활동을 증진하기 위해 명도회를 만들었다. 정약종은 명도회 초대 회장으로서 많은 사람에게 감동을 주었으며, 열렬히 전도활동을 개진했다. 정약종과 함께 내포(아산만 일대)의 이존창(李存昌, 1759-1801)과 호남의 유항검(柳恒儉, 1756-1801) 등이 비슷한 역할을 담당하고 있었다. 주문모 신부가 입국하기 전에 4천여 명에 불과했던 신자들의 수가 이들의 활동과 함께 1만여 명으로 급증했다.

후기: 정약종의 순교 이후

 서소문 밖에서 순교를 당한 후 정약종은 그의 고향 마재 인근의 웃배알미 검단산 기슭에 묻혔다. 그의 동생 정약용도 죽은 이후 바로 정약종 옆에 안장되었다. 1959년 4월 15일과 16일 정약종의 묘는 천주교 순교자 현양회에 의해서 후손들의 선산인 경기도 화성군 반월면 사사리 내곡(현 경기도 안산시 상록구 사사3동 안골)으로 이장되었다. 그 후 이 산이 팔리게 되자 정약종의 묘는 그 주변의 가족 묘지로 이장되었다가, 천진암 성역화에 따라 1981년 11월 1일 천진암 한국천주교회 창립 성현 제위 묘역에 안장되었다. 한국사회와 종교사상에 미친 정약종의 공로가 인정되어 2002년 1월에 문화관광부의 의해 이달의 인물로 선정되었다.

황사영 백서에 나타난 정약종의 순교 이야기

정약용에 대한 간략한 설명은 황사영의 백서에 다음과 같이 기록되어 있다. 황사영《백서》는 비단 위에 13,000여 자로 1791년부터 1801년까지 순교한 사람들의 행적을 간략하게 적고, 박해를 극복할 방안을 적은 글이다. 중국으로 보내려던 이 글이 발각되어 한국 천주교회에 대한 박해가 가속화되었다.

> 명도회장明道會長 정 아오스딩丁若鍾(아우구스티노, 1758~1801)는 정약용의 셋째 형입니다. 전에는 양근楊根에서 살았는데, 경신년(1800) 5월 박해 때 온 가족을 이끌고 서울로 올라왔습니다. 본래부터 경솔한 비난을 많이 받았는데, 경신년 여름 한 악질 관리가 선왕의 면전에서 그를 지명하여 죽이기를 청했으나, 선왕께서 꾸짖는 덕분에 해를 면했습니다. 이제는 시세時勢가 이미 변하여 박해의 불빛이 차츰 거세지는 것을 보고, 스스로 도저히 면할 수 없을 것이라고 걱정하여, 가지고 있던 성물聖物과 책과 신부님의 편지 등을 농에 담아서 다른 집에 맡겨 두었습니다. 얼마 안 가서 농을 맡긴 집도 발각될 가능성이 있어서 본가本家로 도로 옮겨 오려 했으나 부장들에

게 빼앗길까 두려워서 임任 도마라는 사람을 시켜 땔나무장수로 꾸미고 농을 마른 솔잎으로 싸서 19일 해 질 녘에 길거리로 짊어지고 나오게 했습니다. 농은 크고 솔잎은 엷어서 아무래도 땔 나뭇짐 같지 않았습니다. 마침 한성부漢城府의 별육別肉(밀도살한 고기)을 단속하는 사람이 그것을 보고, 그것이 밀도살한 쇠고기가 아닌가 의심하여,(밀도살 금지는 몹시 엄격했습니다.) 다그치며 몰고 가서 관청에 이르러 열어보니, 모두가 성교聖敎의 책과 성상聖像과 신부님의 편지였습니다. 한성부의 관리들이 크게 놀라 마침내 농과 사람을 다 포청으로 압송했습니다. 이는 불에다 기름을 끼얹은 것과 같아서, 환난이 이 때문에 확대되었습니다.

책이 든 농이 압수당한 뒤에 교우들은 놀라서 떨지 않는 자가 없었으며, 아침저녁으로 목숨을 보전하지 못할까 두려워했는데, 10일 남짓 되는 날이 지나도 고요한 채 아무런 움직임이 없었습니다.

[중략]

정 아오스딩이 관청에 도착하자, 관리는 농 속 책의 내력을 물었고, 아오스딩은 모두 자기 물건임을 인정했습니다. 관리는 농 속의 편지를 가지고 하나하나 따져 물었으나, 아오스딩은 입을 다물고 대답하지 않았습니다. 관리가 사람을 보내 가족에게 물었습니다. "네 남편, 너희 아버지는 신부의 성명과

거주지만 알려주면 틀림없이 죽을 리가 없는데, 혹독한 매질을 달게 맞으면서도 끝내 입을 열지 않는다. 너희 가족은 틀림없이 알고 있을 터이니, 너희들은 가장家長의 목숨을 생각하여 바른대로 알리거라." 가족들은 모두 모른다고 대답했습니다.

이에 공경대신公卿大臣들이 모여서 논의하고 대역부도大逆不道의 죄로 판결했습니다. 26일, 아오스딩, 최 요한, 최 도마, 홍 프란치스코 사베리오(洪敎萬, 1737~1801), 홍낙민, 이승훈 여섯 사람을 모두 참수형에 처했습니다.

[중략]

정약종 아오스딩은 성품이 강직하고 심지가 전일專一하여, 자상하고 꼼꼼함이 남보다 뛰어났습니다. 선도仙道를 배워 길이 살 뜻이 있어서 천지개벽설天地改闢說을 그릇되게 믿었던 적이 있었는데, 탄식하며 말했습니다. "천지天地가 변하고 바뀔 때에는 신선神仙도 사라져 없어짐을 면치 못하여 결국은 길이 살 도리가 아니므로 배울 만한 것이 못 된다." 그러다가 성교의 가르침을 듣게 되자, 독실하게 믿고 힘껏 행했습니다. 신해년(1791) 박해 때 형제와 친구들 가운데 믿음을 지키는 사람이 적었으나, 그만이 홀로 흔들리지 않았으며, 세속적 이야기에는 서툴렀으나 도리를 강론하기를 가장 좋아해서, 비록 병들어 괴롭거나 굶주리며 궁핍할 때에도 그것이 괴로운 줄

모르는 사람 같았습니다. 어쩌다가 한 가지 도리라도 모르는 것이 있으면, 먹는 것도 자는 것도 잊어버린 채 온 마음과 온 힘을 다해 생각하여 반드시 제대로 꿰뚫는 깨달음에 이르고야 말았습니다. 말을 타든지 배를 타든지, 언제나 묵상默想의 공부를 그치지 않았으며, 어리석고 몽매한 사람을 보면 힘을 다해 가르쳤는데, 혀가 굳고 목이 아프더라도 조금도 싫증 내는 기색이 없었으므로, 비록 아무리 어리석고 둔한 사람일지라도 깨닫지 못하는 자가 드물었습니다.

교우들 가운데 어리석은 이들을 위해서 우리나라의 한글로 《주교요지主敎要旨》 두 권을 저술한 적이 있었는데, 성교의 여러 책에서 널리 인용하고 자기의 의견을 보태서 아주 명백하게 설명하여, 어리석은 부녀자나 어린아이들이라도 책을 펴기만 하면 환히 알 수 있고, 한 군데도 의심스럽거나 모호한 곳이 없었습니다. 우리나라에서 요긴하기가 《성세추요盛世芻蕘》보다 훨씬 나으니, 신부님께서 그것을 인준하여 시행했습니다.

몇 년 동안 묵은 학문이 습관과 성품이 되어 교우들을 만날 때마다 안부 인사만 나누고 곧바로 강론을 펼쳐서 해가 저물도록 애쓰느라 미처 다른 이야기를 할 겨를조차 없었습니다. 자기가 모르던 것을 한두 가지라도 알게 되면, 마음 가득 흐뭇해서 칭찬해 마지않았지만, 냉담하여 신앙이 흐리터분해진 자가 강론을 듣지 않으려고 하면, 서운하고 답답한 마음을 이

기지 못했습니다. 남들이 갖가지 도리를 물으면, 마치 주머니를 뒤적여서 물건을 꺼내듯이 생각해 내느라 번민하지 않고 철철 넘쳐서 마르지 않았으며, 반복해서 어려운 문제를 판단하는 데 조금도 막힌 적이 없었습니다. 말하는 것은 모두 차례대로 논리정연해서 어수선한 경우가 없었고, 정밀하고 기이하여 뛰어나게 오묘하며 상세하고 적확하여 남들의 믿음을 굳건하게 하고 남들의 사랑을 불타오르게 했습니다. 비록 덕망은 관천冠泉에게 미치지 못했지만, 도리에 밝기는 그보다 나았습니다. 또한 천주님의 모든 덕과 여러 가지 도리는 본래 크고 넓은데, 여러 가지 책에 흩어져 있어서 총론이 하나도 없으므로, 읽는 사람이 이해하기가 어렵다고 여겨서, 여러 책을 발췌하고 종류별로 분류하여 모아서 한 부를 만들어 《성교전서聖敎全書》라고 이름을 붙여서 후학後學들에게 그것을 남겨주려고 했으나, 초고 작성이 반도 채 되지 않은 상황에서 박해를 받아 완성하지 못했습니다.

그가 체포되어 옥에 들어가니, 관리가 왕명王命으로 심문했습니다. 아오스딩은 성교의 진실한 도리를 똑바로 진술하고 그것을 금하는 것이 부당하다는 뜻을 밝혔습니다. 관리가 크게 노하여 왕명을 반박한다고 대역부도大逆不道의 죄를 선고했습니다. 그는 옥에서 끌려나와서 수레에 올라 처형장으로 가면서 큰 소리로 사람들에게 말했습니다. "당신들은 우리를 비웃지 마십시오! 사람이 세상에 태어나서 천주님을 위해 죽는 것이야말로 당연히 할 일입니다. 대심판大審判 때에는 우리가 흘린 눈물은 변하여 진정한 즐거움이 되고, 여러분의 기쁜 웃음은 변하여 진정한 고통이 될 것이니, 당신들은 반드시 서로 비웃지 마십시오!" 그는 처형에 즈음하여 구경꾼들을 둘러보며 말했습니다. "당신들은 두려워하지 마십시오! 이는 마땅히 해야 할 일입니다. 당신들은 반드시 두려워하지 마십시오! 이 뒤에 본받아서 행하십시오." 칼로 한 번 찍으니, 머리와 목이 반쯤 잘렸는데, 벌떡 일어나 앉아서 손을 크게 벌려서 십자十字 성호聖號를 긋고는 조용히 도로 엎드렸습니다.

정약종 가계도

- 남씨부인
  - 정약현
- 정재원
  - 정약전
  - 정약종
- 윤씨부인
  - 유조이(유소사)
  - 정약용

정약현: 한국 천주교회가 창설된 지 2년 후인 1786년, 형을 통해 천주교 신앙을 접하게 된 후 경기도 양근 분원(현 경기도 광주군 남종면 분원리)으로 이주하여 신앙생활을 하였다. 1794년 중국인 신부 주문모가 조선에 입국하자 그를 도왔으며, 주 신부가 조직한 평신도 단체인 '명도회'의 초대 회장으로 임명되어 활동하였다. 1801년 신유박해 때 체포되어 엄한 형벌과 문초를 받은 뒤 4월 8일(음력 2월 26일) 서소문 밖에서 순교하였다. 당시 그의 나이 42세였다. 같은 해에 그의 아들 정철상(가를로) 역시 순교하였으며, 1839년에는 부인 유소사(유조이 체칠리아), 아들 정하상(바오로), 딸 정정혜(엘리사벳)도 순교하였다.

유조이(유소사): 정약종의 부인으로 남편의 권면으로 결혼 3년 만에 세례성사를 받았다. 1801년 신유박해 때 남편과 아들 정철상이 순교하자 정약용의 집에 기거하였으나, 1839년 기해박해 때 그녀 역시 체포되었다. 체포 당시 72세의 고령임에도 곤장 230대라는 혹형을 받았다. 노인을 사형시키는 것이 국법으로 금지된 상황이었지만 오랜 기간 고문과 형벌의 여독으로 옥사, 순교하였다. 103위 성인 가운데 최고령 순교자이다.

*조이(召史): 이두문자로 양민의 아내나 과부를 일컫는 말. '조이'라 읽는다.

정철상

정약종의 장남으로 어려서부터 부친을 통해 천주교 교리를 배우며 신앙생활을 시작하였으며, 홍교만(프란치스코 하비에르)의 딸을 부인으로 맞이하였다. 부친이 순교하던 날 체포되어 주문모 신부를 보호한 일로 갖은 문초를 당하였다. 체포되고 한 달여 후인 1801년 5월 14일(음력 4월 2일) 최필제(베드로), 윤운혜(루치아) 등 다른 신자들과 함께 순교하였다.

정하상

정약종의 차남으로 7세 때인 1801년 아버지 정약종이 신유박해로 순교하자 숙부인 정약용의 집에 기거하였다. 1813년 상경하여 교리를 배우며 성직자 영입운동을 전개하였다. 조신철, 유길진 등과 함께 북경을 왕래하며 베드로(모방)신부 등 네 분의 외국 신부를 조선으로 불러왔다. 1939년 기해박해 때 여동생 정정혜와 함께 체포된 후 영의정으로 하여금 박해를 거두게 하려고 천주교의 교리를 일깨우고자 한국 최초의 호교문護敎文인《상재상서上宰相書》를 지었다. 하지만 9월 22일 유길진과 함께 서소문 밖 형장에서 참수되어 순교하였다. 그는 비록 순교하였지만, 그의 저서《상재상서》는 홍콩에서 책으로 발간되었으며, 중국에서도 널리 읽혔다.

정정혜

정약종의 딸로 네 살 때 세례성사를 받았다. 1801년 신유박해 이후 남은 가족과 함께 숙부 정약용의 집에서 기거하였다. 1939년 기해박해 때 체포되어 43세의 나이로 모친과 오빠 정하상과 함께 참수형으로 순교하였다.

정학연

정학유

주교요지

목차

〈상편〉

1. 인심이 스스로 천주 계신 것을 아느니라.
2. 만물이 스스로 나지 못하느니라.
3. 만물이 절로(저절로) 되지 못하느니라.
4. 하늘이 움직여 돌아감을 보고 천주가 계신 줄을 알 것이니라.
5. 사람이 반드시 천주로 말미암아 났으니라.
6. 천주는 오직 하나이시니라.
7. 천주가 본디 계시고 스스로 계시니라.
8. 천주가 시작이 없으시고 마침이 없으시니라.
9. 천주가 지극히 신령神靈하시어 형상이 없으시니라.
10. 천주가 아니 계신 곳이 없느니라.
11. 천주가 무궁히 능하시니라.
12. 천주가 온전히 알으시느니라.
13. 천주가 무궁히 아름다우시고 좋으시니라.
14. 천주가 세 위位시요, 한 체體이시니라.
15. 푸른 하늘이 천주가 아니니라.
16. 천지가 스스로 만물을 능히 내지 못하느니라.
17. 옥황상제玉皇上帝[2]라 하는 말이 허망하니라.

---

[2] 도교(Daoism)에서 하늘을 다스리는 최고의 신인 천체를 말한다. 하늘과 땅이 이루어지는 때에 출현하여 항상 있고 소멸하지 않으며, 옥경산玉京山에 여겨졌다. "옥황상제"라는 칭호는 송나라 진종 7년(1014)에 진종이 도교를 좋아하여 붙인 이름이다.

18. 부처와 보살菩薩[3]이 다 천주의 내신 사람이니라.
19. 석가여래釋迦如來가 스스로 천지간에 홀로 높다 함이 지극히 망령되니라.[4]
20. 불경佛經 말이 다 허망하여 믿을 것이 없느니라.
21. 사람이 전생前生과 후생後生이 있어, 사람이 죽어 짐승이 되고 짐승이 죽어 사람 된다는 말이 허망하니라.
22. 불경에 천당 지옥의 즐거움과 괴로움을 의논함이 다 모르고 한 말이라.
23. 불경의 말이 두 가지로 나니, 믿을 것이 없느니라.
24. 불도의 상벌 마련한 법이 이치에 합당치 아니하니라.
25. 득도得道하여 부처가 되었다는 말이 허망하니라.
26. 부처의 도라 하는 것이 천주교의 도와 같지 아니하니라.
27. 잡귀신雜鬼神을 위하는 것이 큰 죄니라.
28. 천주 반드시 착한 이를 상 주시고, 악한 이를 벌하시니라.
29. 사람이 죽은 후에 영혼이 있어 상과 벌을 받느니라.
30. 영혼이 반드시 즐거움과 괴로움을 받느니라.
31. 천주가 천당과 지옥을 두시어 세상 사람의 선악을 시험하여 갚으시느니라.
32. 지옥은 천당과 맞은 짝이 되느니라.

---

[3] 보리살타의 준말. 부처가 되기 위해 수행하여 깨달음에 다다른 존재로서, 대승불교에서는 개인의 깨달음 뿐만 아니라 중생의 깨달음을 지향하는 존재로 부각된다.

[4] 석가여래가 '天上天下에 唯我獨尊(하늘 위를 둘러 보고 땅 아래를 모두 둘러 보아도 존귀한 존재는 오직 나 뿐이다.)'고 말한 것을 비판한 것이다. '천상천하에 유아독존'이라는 말은 불경 《장아함경長阿含經》에 나오는 말로, 석가가 태어났을 때 일곱 걸음을 걸은 뒤 오른 손은 하늘을, 왼손은 땅을 가리키면서 이 말을 했다고 한다.

〈하편〉

1. 천주 엿새 만에 천지 만물을 내시니라.
2. 세상이 본디 좋더니, 사람의 처음 조상이 천주께 득죄得罪하매, 좋던 세상이 괴로와지고, 착하던 사람이 그릇 되었느니라.
3. 천주 강생降生하여 사람이 되시어, 온 세상 사람의 죄를 구救하시고 속贖하시니라.
4. 예수가 다시 살아나신 후 사십 일에, 하늘에 올라가시니라.
5. 예수 하늘에 오르시던 발자취가 있느니라.
6. 십자가의 기묘한 능과 영적靈蹟이[5] 무궁무진하니라.
7. 세상이 마칠 때에 천주 예수가 다시 내려오시어, 천하 고금 사람들을 다 심판하시리라.
8. 천주가 강생하신 의심을 밝힘이라.
9. 천하 사람이 한 몸 같아, 아담(Adam)의 죄에 만민이 다 물들고, 예수의 공을 만민이 가히 입을 것이니라.
10. 천주교를 행하기 어렵다 말을 못할 것이니라.
11. 사람이 천주교를 들으면 즉시 믿어 봉행할지니라.

---

5. [b.: 신령한 자취]

일러두기

1. 《주교요지》 본문은 KIATS 소장 활자본을 저본으로 삼되, 본문의 변화를 쉽게 대조할 수 있도록 본문과 주석에 이본들의 내용을 표시했다. 자료 원본은 다음과 같다.

   본문은 1932년 뮈텔 주교가 감준한 한국교회사연구소본(활판본) 《주교요지》이다. 각주의 a는 1800년경 필사된 것으로 추정되는 절두산 순교성지본(활판본)이고, 각주의 b는 1885년 블랑 주교가 감준한 절두산 순교성지본(목판본)이다.

2. 한자나 옛말은 가급적 원문 그대로 남겨 두었으며, 이해를 돕기 위해 한자를 추가 하거나 본문에 괄호를 넣어 설명했다. 상세한 설명이 필요한 경우 각주를 넣어 설명했다.

3. 본문은 원문의 옛 어투를 최대한 살리되, 한글맞춤법에 맞게 수정했다.
   예) 아나니라 → 아느니라

4. 현재 쓰이지 않는 표현은 현재 한국 교회에서 상용하는 개역한글판 성경 표현에 가깝게 고쳤다. 예컨대, 현재 쓰이지 않는 아래아(·) 표시는 일괄적으로 'ㅡ'로 고쳤으며, 현재 쓰이지 않는 주격조사 'ㅣ'는 문맥에 따라 '가' 또는 '는'으로 고쳤다.

5. 원전의 의미를 변화시키지 않는 범위에서 조사 등의 보조어를 첨가했다.

6. 본문에 사용된 기호 표시 중, ( )안의 내용은 엮은이가 독자의 이해를 돕기 위해 보충설명을 한 것이고, [ ]안의 내용은 원문의 저자가 직접 기재했던 부분으로 각각 구별하여 표시했다.

주교요지 상편

1. 인심이 스스로 천주 계신 것을 아느니라.

무릇 사람이 하늘을 우러러봄에 그 위에 임자主가 계신 줄을 아는 고로 질통고난疾痛苦難(병으로 말미암은 아픔과 고난)을 당하면, 앙천축수仰天祝手(하늘을 쳐다보며 비는 것)하여 면하기를 바라고, 번개와 우레를 만나면 자기 죄악을 생각하고 마음이 놀랍고 송구悚懼(두려워함)하니, 만일 천상에 임자가 아니 계시면 어찌 사람마다 마음이 이러하리오?

2. 만물이 스스로 나지 못하느니라.

천지 만물이, 제 몸이 스스로 낳는 일이 없어, 초목은 열매 있어 씨를 전하고, 짐승은 어미[6] 있어 생겨나고, 사람도 부모가 있어 생겨나니, 그 부모는 조부모에게로부터 낳는 것이라. 차차 올라가면, 분명히 시작하여 난 사람이 있을 것이니, 이 사람을 누가 낳았을꼬? 만일 부모가 있어 낳았다 하면 그 부모는 뉘가 낳았을꼬? 처음으로 난 사람은 반드시 부모가 없이 낳았을 것이니, 그 사람은 제 몸을 스스로 낳았다 하랴? 이 사람은 제 스스로 나고 훗後 사람은

---

6. '어버이'의 옛말. [b.: 어이]

스스로 낳지 못하랴? 이로 미루어 보건대, 처음에 난 사람을 반드시 내신 이가 계실 것이니, 사람뿐만 아니라 초목과 짐승도 다 그러하여, 처음 난 초목은 초목이 초목을 낳음이 아니요, 처음 난 짐승도 짐승이 짐승을 낳음이 아니라, 초목과 짐승과 사람을 도무지(모두) 내신 이가 계시니, 이를 천주天主라 이르느니라.

3. 만물이 절로 되지 못하느니라.

여기 큰 집이 있으니, 아래에 기둥을 세우고 위에 들보를 얹고, 사면에 벽을 맞추고 앞에 문을 내어 풍우風雨를 가리워야 사람이 몸을 담아 평안이 있으니, 이 집을 보면 어찌 절로(저절로) 되었다 하리오? 반드시 목수가 있어 만들었다 하리라. 만일 한 사람이 이 집을 보고 이르되, "기둥과 들보와 토벽土壁(흙으로 만든 벽)과 문창門窓(문과 창문)이 절로 합하여 되었다." 하면, 반드시 이 사람을 "지각이 없다." 이를지라.

천지도 또한 이 집과 같아, 하늘로 덮고 땅으로 싣고 일월日月로 밝히고 비와 이슬로 윤택히 하여 기르고 물로 축이고 불로 덥히고, 나는 새는 공중에 날고 기는 짐승은 땅에 기어, 만물을 다 배포排布하고 마련하였기에, 사람이 그중에 있어 하늘을 이고 땅을 밟고 만물을 쓰고 평안히 살아, 마치 집을 짓고 평안히 있음과 같으니, 적은 집도 절로 되지 못하여 반드시 공교工巧(솜씨좋은)한 장인匠人이 있어야 하거든, 이런 천지 같은 큰 집이 어찌 절로 되리오? 반드시 지극히 신통하시고 능하신 이가 계셔 만들어야 할 것이니, 장인을 보지 못하여도 집을 보면 집 지은 장인이 있는 줄을 알 것이요, 천주를 보지 못하여도 천지를 보면 천지 만드신 임자主가 계신 줄을 알 것이니라.

4. 하늘이 움직여 돌아감을 보고 천주 계신 줄을 알 것이니라.

온갖 것이 지각과 손발이 있어야 능히 움직이고 지각이 없으면 움직이지 못하는 고로 사람과 짐승은 지각이 있기에 움직이고, 흙과 돌은 지각이 없기에 움직이지 못하니, 그중에 지각이 없고도 움직이는 것은 반드시 지각이 있는 이가 잡고 흔들어야 움직이는 고로, 흙과 돌은 지각이 없어도 지각 있는 사람이 굴리면 움직이고, 물레와 수레는 지각이 없어도 지각이 있는 사람이 잡고 돌리면 움직이니, 저 하늘과 해와 달과 모든 별이 귀와 눈이 없고 손과 발이 없고 혼魂과 지각이 없는데, 능히 날마다 움직여 돌아가고, 또 돌아가되 일정한 법이 있어 춘하추동春夏秋冬이 차례로 돌아오고, 주야한서晝夜寒暑가 고르게 나뉘어 천백 년이 되도록 그 돌아가는 도수度數(운행주기)가 호발毫髮(털끝만큼 아주 작은 정도)도 틀리지 아니하니, 지각없는 것이 어찌 스스로 돌아가며, 돌아간들 어찌 절로 도수에 맞으리오? 반드시 지극히 신령하고 능한 이가 잡고 돌려야 돌아갈 것이니, 이 돌아가게 하시는 이는 이 천주이시니, 이 물레와 수레의 돌아감과 같이 이 만물도 또한 임자가 계시어 안배按排하시고 다스리는 줄을 알 것이니라.[7]

---

7. [a.b.: 분명히 지극히 신령하고 능한 이가 잡고 돌려야 돌아갈 것이니, 이 돌아가게 하시는 이는 곧 천주이시니, 그 천주를 물레와 수레의 돌아감을 보면 하늘도 천주가 계셔서 올리시는 줄을 알지니라.]

5. 사람이 반드시 천주로 말미암아 낳으니라.

한 사람이 묻되,

"처음으로 낳은 사람은 천주로 말미암아 낳았거니와, 지금 사람은 부모의 속으로부터 나오니, 천주가 아니 계신들 어찌 낳지 못하리오?"

대답하되,

"처음 사람을 천주께서 아니 내셨으면 지금 사람이 어디로부터 나오리오? 또 부모의 능으로는 자식을 낳지 못하니, 말하자면 장인이 그릇을 제 재주로 만들기에 임의대로 하여, 만들려 하면 만들고, 말려 하면 말고, 크게 하려 하면 크게 하고, 작게 하려 하면 작게 하니, 사람이 자식 낳기를 장인이 그릇을 만들듯이 제 재주로 할진대, 어찌하여 낳고 싶어도 낳지 못하며, 아들을 낳고 싶어도 딸을 낳으며, 잘 낳고 싶어도 몹시 낳음이 있느뇨? 이를 보면 사람의 능이 아니라, 천주의 조화로 하시는 줄을 알 것이요, 또 장인은 그릇을 제 재주로 만들기에 그릇 만드는 묘리妙理(오묘한 이치)를 알거니와, 사람은 자식을 낳아도 그 이목구비耳目口鼻와 오장육부五臟六腑의 되는 묘리는 누가 능히 알리오? 오직 천주께서 신령하신 슬기로 마련하심이라."

6. 천주는 오직 하나이시니라.

한 집에 가장이 하나요, 한 고을에 관장官長(그 고을을 다스리는 관리)이 하나요, 한 도에 감사監司(도를 다스리는 관리)가 하나요, 한 나라에 임금이 하나이니, 만일 한 고을에 두 관장이 있으면 고을 일이 되지 아니할 것이요, 한 도에 감사가 둘이 있으면 도의 일이 되지 아니할 것이요[8], 한 나라에 두 임금이 있으면 나라가 어지러울 것이라. 한 천지에도 반드시 임금 하나가 계실 것이니, 만일 두 임금이 있다 하면 천지 괴란乖亂(무너져서 어지러움)할 것이라, 이 임금은 해를 서西로 돌리려 하면, 저 임금은 동東으로 돌리려 하고, 이 임금은 여름이 되려 하면, 저 임금은 겨울이 되게 하고, 이 임금은 사람을 살리려 하면, 저 임금은 죽이려 할 것이니, 어찌 세상 일이 되리오? 이제 해는 매양 서로 가고, 여름이 될 때에는 여름이 되고, 겨울이 될 때에는 겨울이 되고, 불은 매양 덥고 물은 매양 차고, 짐승은 매양 짐승을 낳고[9], 사람은 사람을 낳고, 천지개벽天地開闢한 후로 이날까지 일정한 법이 있어 만고萬古에 바뀌지 아니하니 반드시 한 천주가 계셔서 마련하시기에 온갖 법이 다 한 곳(한 쪽, 한 방향)으로 나는 것이라. 그러므로 이 사람을 살리려 하시면 다시 죽일 이 없고, 저 사람을 벌주려 하시면 다시 상 줄 이 없느니라.

7. 천주가 본디 계시고 스스로 계시니라.

한 사람이 묻되,

"만물이 절로 나지 못하여, 천주가 내어 계시다 하니, 이 천주는 누가 내었는고?"

대답하되,

---

8. [a.: 이 부분 빠짐]
9. [a.b. 추가: 물은 물을 낳고]

"만일 천주를 낸 이가 있으면 그 낸 이가 곧 천주가 될 것이니, 이제 일컫는바 천주는 좇아 난 데 없으시고 본디 스스로 계신지라. 대개 스스로 계신 자 하나가 먼저 있어야 만물이 다 이로부터 나나니, 나무로 말하면 잎은 가지에서 나고, 가지는 줄기에서 나고, 줄기는 뿌리에서 나니, 뿌리는 잎과 가지와 줄기의 근본이 되는지라. 근본의 또 근본이 어찌 있으리오? 또 수數로 말하면 만은 천에서 나고, 천은 백에서 나고, 백은 열에서 나고, 열은 하나에서 나니, 하나는 만과 천과 백과 열의 시작이 되는지라. 시작의 또 시작이 어찌 있으리오? 천주는 나무의 뿌리 같으시어 다시 뿌리 없고, 수의 하나 같으시어 다시 시작이 없는지라."

8. 천주 시작이 없으시고 마침이 없으시니라.

온갖 만물이 다 내신 이가 있는 고로 아무 때에 내자 하면 나서 시작이 있고, 아무 때에 없이 하자 하면 없어져 마침이 있되, 오직 천주는 본디 계셔 아무때에 내자 할 이 없는 고로 시작이 없고, 아무 때에 없이 하자 할 이 없는 고로, 마침이 없으시니라.

9. 천주 지극히 신령하시어 형상이 없으시니라.

만물이 형체 있는 것은 천하고 형체 없는 것은 귀한 고로, 초목과 짐승은 형체가 있기에 천한 유類(종류)가 되고 사람의 영혼과 천상의 천신天神(천사)은 형체가 없기에 귀한 유가 되는지라. 이제 천주가 높으시고 귀하심이 사람과 천신보다 한량없이 더하시기에 더욱 지극히 순전하시어, 얼굴도 없으시고 모양도 없으시고 소리고 없으시고 냄새도 없으시고 오직 신령하시니라.

10. 천주 아니 계신 곳이 없느니라

천주의 형상 없으시고 신령하신 체體 무한하시어 온전히 하늘에 계시고, 온전히 땅에 계시고, 온전히 만물에 계시고, 온전히 천지 밖에 무한한 데 계시니, 어찌하여 그런 줄을 알리오?

하늘을 만드실 제際(때)는 당신 체體 하늘에 계실 것이요, 땅을 만드실 제는 땅에 계실 것이요, 만물을 만드실 제는 만물에 계실 것이요, 본체本體 무궁히 크시매, 천지 밖에 무궁한 데도 계시니라.

11. 천주 무궁히 능하시니라.

무릇 사람은 재능이 한이 있어, 무슨 그릇을 만들려 하면 반드시 감을 가지고 연장을 쓰고 힘을 써서 수고하고 때를 허비한 후에야 그릇이 되되, 천주는 능能(능력)이 무궁하시어 천지 만물을 만드시되 없는 가운데서 내시고 연장 없이 화성化成(길러서 자라게 함)하시고, 힘을 수고치 아니하시고 때를 허비치 아니하시어 한 번 명하시매 경각頃刻(잠깐) 사이에 이루시니, 만일 이 천지보다 더 크고 기묘한 천지를 무수히 만들려 하시어도 한 번만 명하시면 될 것이요, 또 이 천지 만물을 모두 없이 하려 하시어도 한 번만 명하시면 없어질 것이다. 이런고로 그 능이 무궁하시다 이르느니라.

12. 천주 온전히 알으시느니라.

천주 이미 무궁히 능하신즉 반드시 온전히 알으실지라. 대개 천지 만물의 만드는 묘리를 무궁한 슬기로 먼저 알으셔야 무궁한 능으로 만드실 것이니, 만일 무궁히 알지 못하시면 무궁한 능을 어찌 베푸시리오? 그런고로 만물의 크고 작음과, 정淨하고 추함醜과, 깊고 얕음과 무수한 귀신鬼神의 은밀한 마음과 억만 사람의 숨은 뜻을 다 사무치게 밝히 알으시어 호발도(조금도) 속일 길이 없고, 또 억만 세 이전 일과, 억만 세 이후 일이 역력히 눈앞에 벌려 있는 고로, 그 알으심이 무궁하시다 이르나리라.

13. 천주 무궁히 아름다우시고 좋으시니라.

천주 어찌 하여 무궁히 아름다우시다 이르느뇨?

대개 천주의 만드신 만물을 보면 알 것이니, 하늘의 높고 넓음과, 일월의 빛나고 밝음과, 땅과 바다의 두텁고 깊음과 초목금수草木禽獸의 번화롭고 많음과, 각색 기묘한 빛과 소리와, 각종 기이한 맛과 향내와, 천상에 무수한 천신의 신통함과, 땅 위의 무수한 사람의 영명함靈明(슬기로움)과, 세상 만 가지 영화와 만 가지 즐거움이 다 천주께로부터 나왔으니, 이런 만물의 만 가지 아름다움을 천지 개벽한 후로부터 천지 마칠 때까지 날마다 내시고 해마다 내시어 무궁무진하니, 당신 본체 안에 반드시 무궁하신 아름다움이 계실지라. 비批컨대, 정승판서政丞判書의 영화로운 복과 감사監司, 병사兵使(군사령관)의 부귀한 즐거움이 다 임금의 손에서 나온 고로, 정승 판서와 감사 병사의 영화 부귀함이 다 임금의 몸에 쌓이었으니, 백관百官(온갖 관리들)의 부귀함을 보면 임금의 지극한 부귀를 가히 앎과 같이, 만물의 아름다움을 보면 천주의 무궁히 아름다우심을 알지니라.

14. 천주 세 위位시요, 한 체體이시니라.

천주 삼위일체 도리는 사람의 명오明悟(영혼의 능력으로서 이성 또는 지성)가 약함으로 완전히는 통달하지 못하나 비유로써 좀 증거할 수 있느니라.[10] 무릇 사람이 밝은 거울에 비치면 거울 속에 그 얼굴이 나오고, 또 사람이 마음에 한 가지 것을 사랑하면 마음속에 그 사랑하는 정이 나오니, 천주도 이러하시어 무시無始로부터 그 무한히 아름다운 체, 무한히 밝은 마음 가운데 비치어 무한히 아름다우신 얼굴을 내시니, 그 얼굴이 이미 당신 얼굴이요, 또 무한히 사랑하는 마음으로 무한히 아름다우신 정을 발發하시니, 그 발하신 사랑이 또한 당신 사랑이시라. 그러나,[11] 사람이 거울에 비치어 나오는 얼굴은 오직 거울을 의지한 그림자뿐이요, 사람의 사랑하는 정은 마음을 의지한 빈 정뿐이라. 그림자와 빈 정[12]이 다 잠깐이로되, 천주는 본디 무궁히 능하신 성性이시요, 체體시라. 그 밝으신 얼굴과 그 사랑하시는 정이 또한 그 체와 같이 생활하시고 진실하시어, 그 본체本體 하나이시요, 그 얼굴이 하나이시요, 그 사랑하시는 정이 하나이신 고로, 세 위라 이르니,

---

10. [a,b.: 이 구절 없음]
11. [b.: 하신지라.로 마치고 나머지 구절은 없음]
12. [a,b.: 어림]

세 위란 말은 천주가 셋이 아니라, 위位는 비록 셋이시나, 그 체體는 오직 하나이시라.[¨]¹³

그 비치시는 얼굴이 곧 그 체시요, 그 사랑하시는 정情이 곧 그 체시니, 세 위 한 가지로 한 체시요, 한 성이신 고로, 세 위 도무지 높고 낮음과 크고 작음과 먼저와 나중의 분별이 없느니라. 또 세 위 먼저와 나중에 계신 분별이 없으나, 차례의 선후先後를 의논컨대, 그 본체는 아버지라 이르고, 그 내신 얼굴은 아들이라 이르고, 그 아버지와 아들이 서로 사랑하여 발하신 정은 성신聖神이라 이르니, 사람은 아버지의 마음이 아들의 마음에 사무치지 못하고, 아들의 마음이 아버지의 마음에 사무치지 못하는 것은 그 마음이 각각이요, 형체形體에 걸리는 연고이어니와, 천주는 그렇게 아니 하시어 부父와 자子가 한 체體이시요, 또 그 체가 형용形容이 없으신 고로, 아버지의 사랑과 아들의 사랑이 서로 형체에 걸리는 것이 없으시어, 이 성신聖神을 발하시니라.[¨]¹⁴

15. 푸른 하늘이 천주가 아니니라.

한 사람이 묻되,

"세상 사람이 매양 푸른 하늘을 우러러보면 절로 공경하는 마음이 나오니, 저 푸른 하늘이 천주가 아니시냐?"

대답하되,

---

13. [b. 추가: 그 얼굴과 그 정이 도무지 한 천주 본체 안에 계시니]
14. [b. 추가: 성신이란 말은 지극히 착하시고 형용이 없으신 사람을 이름이니라.]

"그렇지 아니하니, 하늘을 보고 공경함은 이 하늘을 공경함이 아니요, 하늘 위에 계신 임금을 공경함이라. 비유컨대, 백성이 대궐을 바라보면 그 마음이 절로 두려워하나니, 어찌 대궐을 두려워한다 하리오? 대궐 안에 계신 임금을 두려워함이라. 저 푸른 하늘은 대궐 같고 하늘 위에 계신 천주는 대궐 안에 있는 임금 같으시니, 만일 푸른 하늘을 천주라 하여 절하면, 이는 대궐을 보고 임금이라 하여 절함과 같으니, 어찌 그르지 아니하리오? 하늘은 천주의 전능全能으로 만드신 것이니, 비유컨대 사람이 집을 지으매 어찌 집을 가리켜 임자라 하리오? 집을 지은 사람이 임자가 됨과 같이, 천주가 하늘을 지어 계시니, 하늘의 임자가 되시느니라. 또 하늘이 넓고 푸르러 큰 유리덩이 같아서 귀와 눈이 없고 손과 발이 없고 지각도 없고 영신靈神(영혼)도 없으니, 어찌 천지 만물의 임자主가 되리오? 천지의 큰 임자는 오직 하나뿐이시니 곧 전능 전지 전선全善하신 천주시라.[¨]¹⁵"

16. 천지가 스스로 만물을 능히 내지 못하느니라.

한 사람이 묻되,

"하늘과 땅이 있어 만물의 부모가 되니, 어찌 천주가 계시어 만물을 내어 계신다 하리오?"

---

15. [a.b. 추가: 뿐이시라. 하늘을 임자라 하면 저 하늘이 아홉 겹이 있으니, 어찌 천지의 임자가 아홉이라 하리오.]

대답하되,

"온갖 것이 자기와 같은 것을 낳고 자기보다 승勝한(나은) 것을 낳지 못하는 고로, 생기있는 초목이 초목을 낳되, 지각 있는 짐승을 낳지 못하고, 지각 있는 짐승이 짐승을 낳되, 영신靈神이 있는 사람을 낳지 못하나니, 이 천지는 산 것이 아니니, 어찌 생기生氣 있는 초목과 지각 있는 짐승과 영신 있는 사람을 낳으리오?[16] 비유컨대, 화원이 그림을 그리려 하면 반드시 종이와 채색彩色을 가지고 그리나니, 만일 종이와 채색이 아니면 그림이 되지 못하거니와, 그러하나 어찌 한갓 종이와 채색이 그림을 그렸다 하리오? 반드시 화원이 있어야 그림이 될지라. 이제 만물도 그러하여 땅은 종이 같고 하늘은 채색 같고 만물은 그림 같으니, 화원이 아니면 종이와 채색이 어찌 절로 그림이 되며, 천주가 아니시면 하늘과 땅이 어찌 절로 만물을 만들리오? 그런 고로, 사람이 천지 일월 성신을 향하여 절하는 것이 크게 그른지라. 비유컨대, 대부모大父母(큰 부모, 천주를 비유함)가 자식을 위하여 집과 전답田畓을 장만하여 주거든 자식이 집과 전답으로 산다 하여 그 집과 전답을 향하여 절하고 집과 전답을 주신 부모의 은혜는 생각지 아니하면 어찌 그르지 아니하리오? 사람이 만일 천지와 일월을 내신 천주의 은혜를 모르고 천지와 일월을 향하여 절하면 어찌 크게 그르지 아니하리오?"

---

16. 식물의 생혼生魂, 동물의 각혼覺魂, 사람의 영혼靈魂을 구분하는 마테오 리치Mateo Ricci의 혼삼품설魂三品說을 활용한 논증이다.

17.[17] 옥황상제玉皇上帝라 하는 말이 허망하니라.

한漢 나라 때 장의[18]라 하는 사람이 있어 (이 장의는 소진蘇秦이와 같은 시대의 장의張儀가 아니니라.[19]), 상上 없는(최고의) 신선도술神仙道術을 하노라 하더니, 죽은 후에 그 제자들이 말하되,

"스승이 신선이 되었다."

하고 거짓말을 지어낸지라.

그 후 송宋 나라 임금 휘종徽宗[20]이 상 없는 신선도술을 좋아하여 장의를 위하여 높여 옥황상제라 이름하여 봉封하였으니, 천하에 어찌 이런 흉패凶悖한 일이 다시 있으리오? 천지간에 천주상제天主上帝 오직 하나이시니, 어찌 세상 사람을 상제上帝[21]라 이름하리오? 비유컨대, 한 나라에 임금이 오직 하나이어늘 만일 범인凡人을 가리켜 임금이라 하면, 그 죄악이 어찌 크지 아니하리오? 장의는 불과 한 사람이라. 그 죽은 후 천여 년에 옥황상제라 일컬으니, 이는 범인을 가리켜 임금이라 일컫는 죄보다 만 배나 더하니, 그런 고로 휘종이

---

17. [a,b. 17장-26장까지는 1932년 본에 빠짐]
18. 한나라 말에 진정부眞定府 행당현行唐縣 사람으로, 어려서 도교를 배우고 후에 무당산에 은거했으며 단약丹藥을 채약하고 병든 사람을 고치는 재주가 있었다. 도교 술사인 임령소林靈素의 건의에 따라 휘종이 옥황상제로 봉했다.
19. 소진과 장의는 중국 고대의 춘추 전국 시대에 활동한 유명한 정치가들이다.
20. 이름은 조길趙佶. 송나라 제8대 왕이다. 그는 도교를 좋아하여 스스로 자기를 교주도군황제教主道君皇帝라 칭하였다.
21. 상제上帝라는 말은 중국의 옛 경서인 〈시경〉, 〈서경〉, 〈주역〉 등에서 하늘의 신, 곧 천신天神이라는 뜻으로 쓰이고 있다.

생전에 천주께 벌을 받을 그 나라를 망하고[22], 그 몸이 몹시 죽으니, 어찌 후세의 징계할 바가 아니리오? 세속 사람이 그러한 줄을 모르고 옥황상제라 일컬음이 어찌 크게 그르지 아니하리오?

18. 부처와 보살菩薩이 다 천주의 내신 사람이니라.

시작 없이 본디 계신 자가 하나가 있어야, 만물이 다 그리로부터 시작하여 나는지라. 온갖 물건이 스스로 나지 못하고 절로 있지 못하는 고로, 천지간에 무수한 만물과 귀신과 사람이 다 천주의 무궁하신 능으로 생겨나고, 하나도 절로 난 것이 없으니, 저 부처와 보살도 또한 천주의 내신 사람이라. 그 부모의 속으로 나서, 영혼이 있고 육신이 있어 우리 사람과 같은지라.

어느 사람을 의논할지라도 그중에 조금 더 능하고 조금 더 착하나, 불과 사람의 능이요, 사람의 착함이니, 어찌 사람이 사람 위에 높이 솟아나, 천주의 무궁하신 능과 무한하신 착함의 만분지 일이나 비하리오? 하물며 부처와 보살은 세상에 있을 때 천주의 도우심을 얻지 못하였으니, 무슨 착함이 있으리오?

19. 석가여래釋迦如來가 스스로 천지간에 홀로 높다 함이 지극히 망령되니라.

하늘 위와 하늘 아래 오직 한 천주가 계시어, 그 높으심이 한량없

---

22. 휘종 7년(1125)에 금나라 때문에 송나라가 망하고 남송南宋이 시작되었다.

으시어, 다시 위가 없고, 그 귀하심이 지극하시어 다시 짝이 없으니, 하늘 위에 천신天神같이 높은 이와 세상에 사람같이 귀한 이도 다 천주 앞에는 지극히 천하고 지극히 낮아 종이 되고 백성이 되거늘, 석가여래는 불과 지천至賤(지극히 천한)한 사람이라, 그 어미 속으로 태어나서 크게 소리하여 왼손으로[23] 땅을 가리키며 가로되,

"하늘 위와 아래 오직 나 홀로 높도다."

하였으니, 슬프다. 그 부모도 저보다 높고, 또 부모와 임금 위에 무궁히 높으신 천주가 계시거늘, 이같이 패악悖惡한 말을 감히 입으로 내니, 천하 만고에 이런 대죄인大罪人이 다시 있느냐? 마치 한 마을에 완악한 사람이 있어, 소리 질러 가로되,

"세상에 나 홀로 높도다."

하거늘, 그 마을 미욱한 백성들이 그름을 분변치 아니하고, 이 사람 앞에 엎디어 황공하여 임금으로 섬기면, 그 나라 참 임금이 듣고 그 죄를 어떻게 다스릴고? 반드시 그 완악한 사람을 역적으로 다스려 벨 것이요, 그 섬기던 백성들도 한가지로 죄벌을 입을 것이니, 슬프다. 이제 석가를 믿고 섬기던 사람들이 죽은 후에 그 영혼이 천주 앞에 가서 반드시 역적 섬기던 죄를 이같이 당하리라.

20. 불경佛經 말이 다 허망하여 믿을 것이 없느니라.

무릇 사람으로 더불어 말하매, 열 말에 아홉 말이 미덥다가 한 마

---

23. [a.: 왼손으로 하늘을 가르치고 오른손으로]

디 거짓말을 들으면 전에 아홉 말을 다 의심할지라. 이제 불경佛經 말은 열 말에 혹 한 말이 이치에 합당한 듯하나 거짓말이 아홉이나 되는 것을 어찌하여 믿는고? 불경 안에 거짓말이 무수하되 다 변변치 못하고 대강 의논하노라.

불경에 이르되,[24] 뫼山와 물과 큰 땅이 다 부처의 마음속으로부터 생겨났다 하니, 이 땅은 천지 개벽할 때에, 천주 신통하신 능으로 만들어 내신 것이요, 부처는 개벽한 후 여러 천 년 만에 태어났으니, 천 년 후에 태어난 부처가 어찌 천 년 전에 있는 땅을 내었다 하리오? 또 사람의 능으로 모래 하나를 만들어 낼 수 없는지라. 부처도 또한 사람이니, 어찌 그 마음속으로 뫼와 물과 땅을 만들어 낼 능이 있으리오?

21. 사람이 전생과 후생이 있어, 사람이 죽어 짐승이 되고 짐승이 죽어 사람 된다는 말이 허망하니라.

천주 이 세상에 사람을 내시어 한 번 죽은 후에 영혼의 착함과 악함을 결단하시어, 혹 천당에 올리시고 혹 지옥에 내리오시니, 한 번 정하신 후에는 천당에 있는 혼이 다시 세상에 내리지 못하고, 지옥에 있는 혼도 또한 세상에 나오지 못하는지라. 마치 하늘에 해와 별이 땅에 내리지 못하고, 땅의 흙과 돌이 하늘에 오르지 못함과 같으니, 사람이 전생과 후생이 있을 양이면 천당 지옥에 있던 영혼이 다시 이 세상에 와 능히 사람이 되어야 그렇다 할 것이어늘, 사람이

---

24. [a.: 없음]

제 임의로 다시 사람이 되리오? 천주 무한하신 위엄과 공의가 계신 고로, 사람의 혼을 제 임의대로 오고 가게 아니하실지니, 부처의 몸이 전신前身과 후신後身이 있어, 석가여래의 몸이 아미타불阿彌陀佛[25]이 되었단 말이 천하에 허무맹랑하고, 또 다른 사람에게 전생, 후생이 있어 환도還道하여 짐승이 된다는 말이 다 사망邪妄하니라.

또 사람이 죽은 후에 육신은 썩어 흙이 되니, 환생還生(윤회)하는 일이 있을 양이면 응당 영혼이 환생할지라. 한 영혼이 여러 세상을 지내고 많은 일을 겪어 보았으면 그중에 전생 일을 생각할 이 있을 것이어늘 천지 개벽한 후로 어느 사람이 능히 전생의 부모 있던 줄을 생각하며 전생의 성명이 무엇인 줄을 기록하느냐? 사람이 잊음이 헐하다 한들 제 부모와 성명을 어찌 잊어버리오? 전생이 없는 고로 전생 일을 생각지 못하나리라. 또 사람이 환도하여 짐승이 된다는 말이 만 번 허망하니, 사람이 만일 짐승이 되어 개도 되고 소도 될 양이면 몸은 개 몰골과 소 몰골을 썼을지라도 혼은 사람의 혼이 박혔으니, 응당 사람같이 영靈한 개와 영한 소가 있으련마는, 세상에서 사람과 같이 영리한 개와 소를 누가 본 이 있느냐? 비유컨대, 칼은 칼집에 박고 활은 활집에 박아야 서로 맞으리니, 이제 사람의 혼은 사람의 몸에 박아야 서로 맞으리니, 이제 사람의 혼은 사람의 몸에 박아야 맞고 짐승의 혼은 짐승의 몸에 박아야 맞을지라. 만일 사람의 혼을 짐승의 몸에 박으면 이는 칼을 활집에 꽂음과 같

---

25. Amitabha는 무량불無量佛이라고 번역된다. "아阿"는 "없음無", "미타彌陀"는 "양量"을 뜻한다. 아미타불은 서방 극락 정토에 있으며 중생을 제도하는 부처이다.

으니, 어찌 서로 맞으리오? 짐승이라 하자 하니, 사람의 혼이 있고 사람이라 하자 하니, 짐승의 몸이 있은즉 무엇이라 이름하리오? 세상 형벌은 죄인을 다스려 그 죄를 다시 못 짓게 하거늘, 저 환도한다는 말은 그렇지 아니하여 음행하던 사람은 죽어서 돼지가 되고 살인하던 사람은 죽어서 호랑이가 된다 하니, 음행한 죄로 더러운 짐승이 되어 더욱 음행하게 하고, 살인한 죄로 모진 짐승이 되어 더욱 살생하게 하면, 이는 제 뜻을 채움이요, 그 죄를 벌함이 아니니, 천하에 어찌 이렇게 상 없는(이치에 어긋나는) 형벌이 있으리오?

한 사람이 묻되,

"이 말을 들으니, 과연 환도할 리가 없거니와 혹 사람으로서 짐승이 된 것을 본 이가 있으니, 이는 어찌 된 일인고?"

대답하되,

"눈으로 보는 것은 다 믿을 것이 없고 이치로 생각하는 일은 믿브니(믿을 만하니), 비유컨대, 눈으로 해를 보면 쟁반만 하고 이치로 생각하면 이 땅보다 더 크니, 눈에 작게 보임을 믿어야 옳으냐, 이치로 커 보임을 믿어야 옳으냐? 또 마귀가 사람을 속이려 하면 사람의 눈을 어리어 도섭을 부려[26] 없는 것을 보게 하고 작은 것을 크게 하니, 어찌 이치에 당치 않은 일을 눈으로만 보고 믿으리오? 설사 눈으로 환생하는 것을 보았다 하여도 이치에 당치 않은 것은 믿을 길이 없거든, 하물며 눈으로 참 본 이도 없어, 이 사람은 저 사람의 말을 듣고 저 사람은 또 다른 사람의 말을 들어 차차 전파하여

---

26. 수선스럽고 능청맞게 변덕을 부리어.

한 사람도 분명히 본 이가 없으니, 이런 허탄한 말을 믿을 것이 어찌 있으리오?"

22. 불경佛經에 천당 지옥의 즐거움과 괴로움을 의논함이 다 모르고 한 말이라.

사람이 죽은 후에 육신은 무덤에서 썩고, 영혼은 혹 천당에 올라 즐거움을 누리고 혹 지옥에 내려 괴로움을 받는지라. 천주 전능으로써 천당에는 형용치 못할 복락을 배치하시어 무형無形한 영혼을 즐겁게 하시되, 당신을 공경하고 사랑한 이라야 상 주어 갚으심이어늘, 저 부처는 천주를 공경치 아니하고, 사랑치 아니하였으니, 어찌 망령되이, 천당 즐거움을 말하리오? 또 지옥에는 천주 전능으로써 무형한 형벌을 마련하시어 무형한 영혼을 괴롭게 하시거늘, 불경에 말하였으되, 죄인의 혼을 지옥에 내려 칼로 겻고(베고), 톱으로 혀고(자르고), 가마에 삶는다 하니, 어디를 칼로 베며, 무엇을 가마에 넣고 삶으리오? 이는 천주의 전능으로 벌하여 괴롭게 하심인 줄을 도무지 알지 못하고 의논함이니라. 또 서방에 극락세계極樂世界가 있다 하니, 이는 석가여래의 생장한 땅을 이름이라. 그 나라는 서역국西域國(옛날에 중국의 서쪽에 있던 나라들을 지칭하던 말. 인도와 네팔 등이 포함됨)이니, 좋은 땅이 아니라, 인심이 극악하여 불쌍하고 죽게 된 사람은 돌아보지 아니하되,[27] 오히려 짐승의 늙은 것과 병든 것은 먹이고 구원하여 병이 나으면 곱게 보내고 죽으면 땅에 묻거늘, 다른

---

27. [a,b.: 아니하되, 곡식 한줌도 주지 아니하되]

나라 사람이 괴이히 여겨 묻되, "짐승을 이렇게 중히 여김은 무슨 일인고?"

대답하되,

"전생에 혹 사람으로 환도하였는가 하여 이러하노라."

가로되,

"그러하면 죽은 사람이 환도하였는가 여겨 이 짐승은 사랑하고 어찌 지금 살아있는 사람은 사랑치 아니하느냐?"

그 사람이 대답을 못하고 부끄러워 물러갔다 한,[28] 이러한 인심이 다시 어디 있으리오? 이뿐 아니라, 가난한 사람이 자식을 낳아 얻어 먹이기 어렵고 혼인의 허비함을 어렵게 여겨 짐짓 죽여 가로되,

"네가 내 집에 태어나서 가난하니, 네가 지금 죽어 부귀한 집에 다시 태어나면 네 복이 된다."

하니, 이 환도한다는 말이 죽는 아이에게는 도끼와 칼이라. 슬프다. 천하에 이런 악착齷齪(끔찍)한 일이 어찌 다시 있으리오? 불쌍한 사람을 박대하고 제 자식을 죽이는 이런 극악한 나라에 무슨 극락한 일이 있기에, 미욱한[29] 사람들이 모르고 서방 극락세계西方極樂世界에 나기를 원하니, 어찌 가련치 아니하리오?

23. 불경佛經의 말이 두 가지로 나니, 믿을 것이 없느니라.

대개 아무 말이라도 한 곬(쪽, 방향)으로 말하여야 믿을 것이어늘,

---

28. [b.: 없음]
29. [b.: 여기]

이제 불경의 말은 두 가지로 흩어져 나오니, 한 불경에는 천당 지옥이 있다 하고, 한 불경에는 천당 지옥이 없다 하며, 한 불경에는 윤회육도輪回六道[30]가 있다 하고, 한 불경에는 윤회육도가 없다 하며, 한 불경에는 세계 넷이라 하고, 한 불경에는 세계 무수하다 하니, 어느 말이 거짓말이며 어느 말이 참말이뇨?

또 석가여래 죽을 때에 제자더러 이르되,

"내 평생에 한 말이 하나도 믿을 것이 없다."

하였으니, 살았을 때에 허탄한 말을 믿어 좇아야 옳으냐, 죽을 때에 믿지 말라 한 말을 좇아 행하여야 옳으냐?

또 '세계가 많다' 하는 말이 가장 허황하니, 천주의 무궁하신 능으로 억만 세계를 만들려 하셔도 어렵지 아니하되, 한 세계 이미 족한 고로, 이 세계 밖에는 다시 세계 없느니라. 또 부처들이 이 세계 일을 알지 못하여 말이 이렇다고도 하고 저렇다고도 하니, 다른 세계가 있는지, 없는지, 제가 어찌 알리오?

24. 불도佛道의 상벌 마련한 법이 이치에 합당치 아니하니라.[31]

불경에 이로되, 세상 사람이 무수한 죄악을 짓고도 죽을 때에 '나

---

30. 불교에서 윤회輪廻란 "수레바퀴가 끝없이 돌듯이, 중생의 영혼이 해탈을 얻을 때까지는 육체와 같이 멸하지 않고 돌고 돌아서 시작도 끝도 없이 도는 것"을 의미한다. 여기서 육도六道 (여섯 가지의 장소)란 중생의 생전 행위에 따라서 저마다 가서 살게 된다는 '지옥도·아귀도·축생도·아수라도·인간도·천상도'를 이른다.

31. [a,b.: 상 없느니라.]

무아미타불南無阿彌陀佛[32]' 한 소리를 하면, 억만 죄악이 없어져 극락세계로 간다 하니, '나무아미타불' 여섯 글자에 무슨 기묘한 뜻이 있고, 그 소리 한 마디에 무슨 능과 덕이 있어 그 한 소리로 천만 죄를 없이 하고, 극락세계로 가게 하는고?

그럴진대, 세상 사람이 몹쓸 노릇을 싫도록 하다가 죽을 임시臨時(즈음)에 염불念佛 한마디만 하면 좋은 세계로 갈지라.[˙˙][33] 진실로 이러할 양이면, 착한 사람이 수고로이 공부하여도 부질없고, 몹쓸 놈이 한없이 죄를 지어도 관계치 아니할지라. 이 말은 정녕 이 착한 사람으로 착한 공부에 게으르게 함이요, 몹쓸 사람으로 몹쓸 일에 방자하게 함이니, 어찌 착한 일을 권하고 몹쓸 놈을 징계하는 도리 되리오?

25. 득도得道(도를 깨우침)하여 부처가 되었다는 말이 허망하니라.

한 사람이 묻되,

"석가도 비록 천주의 내신 사람이나 세상에서 착한 공부를 닦아 득도하여 부처가 되었으니, 어찌 허망타 이르는고?"

대답하되,

"천주는 천지의 큰 임금이 되시고 큰 아비 되시고, 만 가지 선의 근본이 되시니, 세상에서 누가 그 임금과 아비를 모르고 무슨 착한 일이 있으며, 무슨 도라 하리오? 이제 석가는 임금과 아비를 섬기지

---

32. "나무아미타불"은 '아미타불을 종교적으로 믿고 의지한다'는 뜻이다. 극락왕생을 기원하면서 주문으로 외운다.
33. [a.b. 추가: 갈 것이니 무엇이 두려워 몹쓸 일을 못하리오.]

아니할 뿐 아니라, 도리어 무한히 높으신 천주의 위位를 참람僭濫(감히 자기 분수를 넘어 교만하게 행함)히 빼앗아, 천주의 만드신 천당 지옥의 권權을 제 손에 잡았노라 하여 천하 사람으로 하여금 저를 섬기고 저를 높이라 한즉, 무궁히 아름다우시고 무한히 높으신 천주를 없이 코자 함이니, 그런 참람한 죄와 방사放肆(교만하고 제멋대로임)한 짓이 천지개벽 후에 어찌 다시 있으리오? 천주 지옥을 배치하심은 반드시 이런 사람을 벌하려 하심이 아니냐? 석가 반드시 마귀와 한가지로 지옥의 무궁무진한 형벌을 받을지니, 이러한 큰 죄인을 어찌하여 득도하였다 하리오?"

26. 부처의 도라 하는 것이 천주교의 도와 같지 아니하니라.

한 사람이 묻되,

"부처의 죄악이 비록 중하다 하나, 부처의 사람을 가르치는 법이 천주교의 도와 같아, 천당 지옥의 말과, 착한 일을 권함과 몹쓸 일을 징계함이 있으니, 그 도를 좇는 것이 옳지 아니하냐?"

대답하되,

"봉황鳳凰[34]도 날개 있고, 박쥐도 날개 있으니, 봉황과 박쥐가 같다 하랴? 아무 일이라고 같은 중에 크게 다름이 있으니, 세상에 역적이 있어 임금의 옷을 입고 임금의 자리에 앉았거든, 미욱한 사람이 그 임금과 같은 모양을 보고, 그 앞에 가 절하고 섬겨 충신 노릇

---

34. 고대 중국에서 상서로운 새로 여기던 상상의 새로 성인聖人의 출현을 예고한다.

하면 역적에게 충신이 될수록 참 임금에게는 더욱 역적이 되는지라. 이제 부처를 섬기어 헛된 공을 세울수록 천주께는 더욱 죄를 얻어 죄수가 되는지라. 부처를 위하는 사람이 일생에 덕을 닦았다 한들 어찌 천주의 지옥 형벌을 도망하며, 또 천주가 벌하시는 사람을 부처와 보살이 능히 구하여 내겠느냐? 무릇 사람이 재물을 얻으려 하면 반드시 부자에게 구하여야 얻을지라. 이제 부처를 향하여 복을 구하나, 저 부처가 오히려 화앙禍殃(화와 재앙)을 면치 못하였거니, 어찌 남에게 복을 주리오? 그런고로 부처에게 돈을 구함과 같으니라."

27. 잡귀신雜鬼神을 위하는 것이 큰 죄니라.

한 고을에 관장官長이 하나요, 한 도에 감사監司가 하나요, 한 나라에 임금이 하나이니, 한 고을 사람이 두 관장을 섬기고, 한 도내 백성이 두 감사를 섬기고, 한 나라 신하가 두 임금을 섬기면 그 죄가 만 번 죽어도 아깝지 아니하리니, 이제 천지간에 한 임자가 계신 줄을 이미 알고, 또 일변으로 잡귀신을 위하여 소위 군왕君王과 말명[35]과 제장諸將[36]과 제석帝釋[37]과 성주成柱[38]와 영등[39]과 성황城隍[40]

---

35. 일명 만명萬明, 무당의 열 두 거리 굿 중에서 열한째 거리를 뜻한다.
36. 전쟁에 나갔다가 죽은 신령. 민속에서 군복을 만들어 놓고 위하는 것이다.
37. 본래 인도의 인드라Indra신을 뜻하는 제석천帝釋天으로 불교를 통해 동아시아에 전래되었으나, 무속에서 무당이 숭봉하는 신이 되었다.
38. 집을 지키는 신령이다.
39. 영등 할머니라고 한다. 우리 민속에서 바람의 신인 신풍風神을 말한다.
40. 한 마을의 수호신으로 '서낭'이라고도 한다.

등 물을 섬기어, 굿도 하고 제祭도 하여 복을 빌고 화를 면하고자 하는 사람이 어찌 두 임금을 섬기는 죄를 당하지 아니하리오? 또 인간의 생사와 화복禍福이 다 천주께 매었는지라. 잡귀신은 도무지 화복의 권權을 잡지 못하였으니, 어찌 사람의 화복을 능히 임의대로 하리오?

28. 천주 반드시 착한 이를 상 주시고, 악한 이를 벌하시니라.

천주 지극히 밝으시고 지극히 능하시고, 지극히 어지시고, 지극히 엄하시고, 지극히 공번되시니[41], 반드시 사람의 착한 것을 상 주시고 악한 것을 벌하실지라. 지극히 밝으신 고로, 사람의 착함과 악함을 알으실 것이요, 지극히 능하신 고로 상벌을 임의로 하실 권權이 계실 것이요, 지극히 어지신 고로 착한 이를 사랑하시어 상 주실 것이요, 지극히 엄하신 고로, 악한 이를 미워하시어 벌하실 것이요, 지극히 공번되신 고로 상과 벌을 반드시 고르게 하실지라. 이러하므로, 세상을 배치한 후에 착한 사람이 하나도 천주께 상을 받지 아니할 이 없고 몹쓸 사람이 하나도 천주께 벌을 받지 아니할 이 없느니라. 한 사람이 묻되,

"그러하면 어찌하여 이 세상에서 착한 자도 빈궁한 이도 많고, 악한 자도 부귀한 이도 많으냐?"

대답하되,

"세상의 화복으로 사람의 선악을 갚을 길이 없으니, 사람이 세상

---

41. "공변公辨되다"가 변한 말로, 지극히 공평하고 정당하여 치우침이 없는 것을 뜻한다.

에 있으매 처음은 착하다가 나중에 그른 이도 있고, 처음은 그르다가 나중에 착한 이도 있으니, 죽은 후에야 착한 이 다시 그르지 못하고, 그른 이 다시 착하지 못할지라. 만일 이 세상에서 사람의 선악을 갚으려 하면 사람이 오늘 착한 일을 한다 하여 부귀를 주었다가 내일 그른 일을 한다 하여 부귀를 빼앗고 그 후에 다시 착하거든 부귀를 다시 줄 양이면 한 사람의 부귀를 천백 번이나 주었다가 천백 번이나 빼앗을 것이니, 천주의 상벌하시는 법이 어찌 이렇듯이 어지러우시리오? 또 사람이 죄를 짓다가도 그 후에 다시 고치는 일이 있으니, 만일 죄를 짓는다 하여 큰 벌을 주어 죽게 하면 죄를 다시 고칠 길이 없을 것이니, 천주의 어지신 뜻이 어찌 그러하시리오? 사람의 선악이 생전에 결단이 없는 고로 천주 상벌을 당하지 아니하시고, 또 세상의 복은 수가 한정이 있고 착한 사람은 수가 정한 것이 없으니, 비유컨대 한 나라 정승의 수는 셋이요, 정승 하염직한 이는 수가 열이나 되면 어찌 정승 세 자리를 가지고 착한 열 사람을 다 같이 정승을 시키리오? 한 고을에 재물이 만금萬金이 있고, 만금 가짐직한 사람은 둘이나 셋이나 되면 어찌 만금을 가지고 두세 사람을 만금씩 같이 나누어 주리오? 그런즉 이 사람을 존귀케 하면 반드시 저 사람이 천할 것이요, 이 사람을 가음열게[42] 하면 반드시 저 사람이 가난할 것이니, 세상 부귀로는 모든 착한 사람을 다 갚아 고르게 할 길이 없고, 또 죄악의 크고 작음을 따라 형벌을 중히 하고 경하게 할지라. 세상에 죄악은 무한하고 형벌은 유한하니,

---

42. "풍성하게, 부유하게"의 옛말.

한 사람 죽인 죄는 제 몸 하나를 죽이거니와, 두 사람 죽인 죄와 백 사람 죽인 죄는 어찌 그 한 몸을 둘로 나누고 백으로 나누어 죽이리오? 그런고로 세상에 상과 벌로는 사람의 선악을 갚을 길이 없느니라.

무릇 이 세상에는 착한 사람이 어찌 빈천 고난을 받으며, 몹쓸 놈이 어찌 부귀 복락을 받는고?

착한 사람도 한두 가지 그른 일이 있는 고로 천주 지극히 공변되시어, 한 가지 그른 일도 벌하지 아니하심이 없기에, 세상에 작은 괴로움으로 그 작은 죄를 속하시고, 죽은 후에는 큰 복락으로 큰 공덕을 갚으시며, 몹쓸 놈도 한두 가지 착한 일이 있는 고로, 천주 지극히 어지시어 한 가지 착한 일도 갚지 아니하심이 없기에, 세상의 작은 복락으로 그 작은 공功을 갚으시고 죽은 후에는 큰 형벌로 큰 죄악을 다스리시나니, 이 세상에 착한 이도 혹 괴로움을 만나고 몹쓸 놈도 혹 즐거움을 얻음은 그 죽은 후를 기다려 상과 벌을 결단하시려 하심이니라."

29. 사람이 죽은 후에 영혼이 있어 상과 벌을 받느니라.

한 사람이 묻되,

"세상의 형벌로는 이미 사람에게 맞갖게[43] 갚을 길이 없을진대, 천주께서 사람에게 상벌을 내리지 아니하시냐?"

대답하되,

---

43. '맞갖게'는 '맞고 갖게'의 준말. 곧, "알맞고 빠진 것이 없이 고르게 갖추어"

"어찌 그러하리오? 세상 임금도 반드시 선악을 보아 벼슬도 시키고 형벌도 주거든 하물며 천지의 지극히 높으시고 지극히 공변되신 임금이 어찌 상벌이 없으리오? 이 세상에서 상벌을 온전히 아니하심은 반드시 죽은 후를 기다려 맞갖게 하심이니라."

또 묻되,

"세상 사람이 한번 죽으매 몸이 썩어 없어지니 상벌을 어디 베프느뇨?"

대답하되,

"사람이 죽은 후에 몸은 썩어도 영혼은 죽지 아니하나니, 짐승의 혼魂은 제 몸에서 생긴 고로 고프고 부르고 춥고 더운 것이 제 몸에 붙은 일만 알기에, 죽으면 그 몸에 붙었던 혼도 따라 없어지고, 사람의 혼은 제 몸에서 생긴 것이 아니라. 몸이 태어날 제, 천주가 신령한 혼을 붙여 주시니, 그런 고로 제 몸 밖의 일도 좋아함이 있고 싫어함이 있으니, 말하자면 남이 나를 기림으로 내 몸이 배부를 것이 없되 공연히 좋아하고, 남이 나를 훼방함으로 내 몸이 아플 것이 없되 공연히 싫어하니, 이 좋아하고 싫어하는 마음이 반드시 그 몸으로 솟아나지 아니하고 혼으로부터 나오니, 그러므로 사람은 짐승과 달라 영혼이 따로 있기에, 몸이 죽어도 영혼은 따라 죽지 아니하느니라.

또 신령한 혼이 형상이 없어, 불에 탈 것도 없고 칼에 상할 것도 없고 병들 것도 없는 고로 죽을 길이 없느니라.

또 천주 위로 천신天神을 내시고 아래로 짐승을 내시고 중간에 사람을 내시니, 사람의 영혼은 위로 천신과 같고, 몸은 아래로 짐승과 같은지라. 그 영혼은 신령하고 명리明利(이치에 밝음)하기로 만사를 통달하여 천신과 같고 그 몸은 귀와 눈과 손과 발과 입이 있기로 음식을 먹고 운동하여 짐승과 같으니, 짐승과 같은 몸이 짐승같이 죽을 제는 그 천신과 같은 영혼은 천신같이 길이 살지라.[44]

또 세속世俗에 사람이 죽으면 초혼招魂[45]을 하는 법이 있으니, 만일 영혼이 그 몸과 같이 없어지는 줄을 알면, 어찌 혼을 부르는 법이 있으리오? 비록 그 혼을 불러도 혼이 이미 정한 곳이 있어, 다시 올 수 없거니와 혼이 있기에 부르느니라.

또 영혼이 길이 사는 고로 사람마다 길이 살고 싶은 마음이 있으니, [ ][46] 비유컨대 음식 먹는 입이 있기에 음식을 먹고 싶은 마음이 나오고, 소리를 듣는 귀가 있기에 소리를 듣고 싶은 마음이 있고, 길이 사는 혼이 있기에 길이 살고자 하는 마음이 있나니, 그런고로 영혼이 무궁히 살아 무궁한 상벌 받는 줄을 가히 알지니라."[47]

---

44. [a,b.: 것이니, 이제 사람마다 천신이 죽지 않는 것을 알면서 천신과 신령한 영혼은 죽는다 하면, 이는 천신이 죽는다는 말과 같으니라. 또 짐승은 살아서 무섭던 짐승이라도 죽으면 무섭지 아니하고, 사람은 살아서 사랑하던 사람이라도 죽으면 무서워 하니니 그 무서워 하는 마음이 어찌 공연히 나리오.
짐승은 죽으면 아주 죽는 줄로 알기에 무섭지 아니하고 사람은 죽어도 영혼이 있기에 엄한 심판을 받아 천당과 지옥 분별을 알기에 절로 무서워하니 만일 사람의 영혼이 짐승과 같이 없어질 양이면 사람 죽은 것도 짐승 죽은 것과 같아야 무섭지 아니하리라.]
45. 발상發喪하기 전에 죽은 이의 혼을 부르는 것을 의미한다.
46. [a,b. 추가: 백세를 살아도 몸이 죽을 때에 서러워하는 마음이 어려서 죽는 마음과 같고 천세 만세를 살아도 죽을 때에 서러운 마음은 다 같을 것이니 만일 길이 사는 혼이 아니면 어찌 길이 살고 싶은 마음이 나리오.]
47. [b.: 상벌을 받느니라.]

30. 영혼이 반드시 즐거움과 괴로움을 받느니라.

한 사람이 묻되,

"사람이 세상에 있을 때에는 몸이 있기에 즐거움과 괴로움을 알 거니와, 몸이 없어진 후에 영혼이 떠나면 무엇으로 즐거움과 괴로움을 알리오?"

대답하되,

"온갖 것이 지각이 없으면 즐거움과 괴로움을 모르고, 지각이 있는 후에야 아나니, 초목은 지각이 없는 고로 꽃이 피어도 즐거운 줄을 모르며 베어도 아픈 줄을 모르고, 짐승은 지각이 있는 고로 먹으면 좋은 줄을 알며 때리면 아픈 줄을 알고, 사람은 지각이 짐승보다만 배나 더하고 또 신령한 고로 그 즐거움과 괴로움이 지각 분수대로 더하여, 짐승보다 만 배나 더한지라. 또 사람의 몸은 다만 피와 살이니, 지각 있는 영혼이 없으면 몸만으로는 즐거움과 괴로움을 알지 못하여 지각 없는 초목과 같을 것이니, 이제 먹어 맛을 알고 때리면 아픈 줄을 알기는 전혀 지각 있는 영혼이 알게 함이니, 그러므로 사람이 죽어, 영혼이 한번 나가면 입에 꿀을 넣어도 단지, 쓴지, 알지 못하고 살에 칼을 찔러도 아픈 줄을 모르니, 이로 보면 영혼이 전혀 즐거움과 괴로움을 받는 근본이 되는지라. 몸에 있으나, 몸을 떠나나, 영혼의 지각은 한가지니, 어찌 즐거움과 괴로움이 없으리오?"

31. 천주가 천당과 지옥을 두시어 세상 사람의 선악을 시험하여 갚으시느니라.

천주 세 세계를 배치하시니, 하나는 천당이요, 하나는 지옥이요, 하나는 하늘 아래 땅 위에 있으니 이름이 세상이니라. 천주 이 세상에 사람을 내시어 착한 일을 하고 그른 일을 말라 명하셨으니, 그 명을 따라 선한 이의 영혼은 천당에 올리시고, 그 명을 배반한 이의 영혼은 지옥에 내리우시니, 천당의 복은 천주의 무궁히 좋으신 영광을 보고 누림에 있으니, 세상 복으로 비유컨대 정승, 판서와 감사, 병사兵使(군 사령관)와 수령守令들의 부귀하고 영화로움이 다 그 임금의 손으로부터 나왔기에 백관의 부귀영화가 그 임금 한 몸에 갖추어 있는 줄을 가히 알 것이요, 또 만물을 보면 천지의 광대함과 일월日月의 광명함과 초목금수의 번화 기묘함과 천신과[48] 사람의 신령 총명함과 각색 기이한 맛과 향내와 만 가지 좋은 소리와 빛과 만국 임금의 영화 부귀를 다 천주의 전능으로 내어 계신 줄을 알지니, 백관의 영화를 보면 임금의 귀함이 더욱 나타나며 만물의 좋음을 보면 천주의 덕능德能(덕과 능력)을 만 배나 찬송할지니,[49] 영혼이 천당에 오르매, 천주가 특별한 은혜를 태워 주시어 당신의 무한하신 영광으로 비추시고 무궁하신 복락을 누리게 하시는지라. 비유컨대, 거울에 수은水銀을 올려 해에 비추면 그 거울이 해와 같이 찬란 휘황하리니, 영혼도 천주의 밝은 빛을 받아 천주의 얼굴이 영혼

---

48. [a.: 귀신과]
49. [b.: 알 것이니]

에 비추기를 햇빛이 거울에 비침과 같으니라.

　또 사람이 신령한 혼이 있는 고로, 세상에 무슨 복을 얻어도, 다시 더한 복을 구하여 세상 복을 다 얻을지라도 그 무궁한 애욕愛欲을 채우지 못하다가 천당에 한번 올라 무궁한 복락을 얻은 후에야 그 무궁한 애욕이 만족하여 다시 바랄 것이 없고, 또 세상 즐거움은 온몸에 한가지로 받지 못하여 음식을 먹을 제는 입에는 즐겁되, 귀와 눈은 즐거움이 없고, 풍류를 들을 제는 귀에는 즐겁되, 눈과 입은 즐겁지 아니하거니와, 천당 즐거움은 그렇지 아니하여 영혼은 전체 복락에 젖어 안팎 없이 즐겁고 간 데마다 즐거우니, 세상 복은 복이 내 몸에 들어오되, 천당 복은 내 몸이 복 속에 들어감이니라. 또 세상 복은 오래되면 즐겁지 아니하여, 좋은 소리로 항상 들으면 듣기 싫고, 맛있는 음식도 오래 먹으면 먹기 싫어하되, 천당 복은 그렇지 아니하여 오늘 새로이 즐겁고 내일 새로이 즐거워 억만년이라도 무궁무진하게 새로우니라. 또 세상 복은 얻었다가 잃어버리되, 천당 복은 한번 얻으면 다시 잃지 아니하고 영원히 정하여 변함이 없느니라. 또 세상 복은 아무리 좋다 하여도 백 년을 살지 못하고 한번 죽으면 만 가지 복이 다 헛것이 되되, 오직 천당에 있는 영혼은 무한한 복을 얻어 만만세를 살고 무궁세無窮歲(끝이 없는 세월)를 살아 정한 세월이 없고, 마칠 기약이 없어 길이 사는 중에 즐거운 마음이 세월을 잊어, 천당에서 억만년을 지내는 동안이 이 세상 하루 같으니라.

32. 지옥은 천당과 맞은 짝이 되느니라.

천당의 즐거움이 무궁무진한즉, 지옥의 괴로움도 그와 같이 무궁무진한지라. 지옥 가운데 이상하게 뜨거운 불이 가득하여 그 뜨겁기가 세상 불에 비하면 만 배나 더하니, 지옥 불은 참 불이요, 세상 불은 그림의 불이라.

지옥 불의 모질고 혹독함을 가히 알 것이니, 악인의 영혼이 한 번 그 불 속에 들면 불이 영혼 전체에 온전히 젖고 베어, 마치 쇠가 풀무 속에 들어 안팎 없이 불이 됨과 같아 천 년을 녹여도 없어지지 아니하고 만 년을 태워도 살라지지 아니하여 영영永永히 괴롭고, 또 이보다 더한 괴로움이 있으니, 세상에 있을 때 옳은 말을 듣고 조금 수고를 하였더면 천당에 올라 무궁한 경사와 복락을 얻을 것을 '내 탓으로' 쉬운 일을 아니 하고 번개 같은 세상에 잠깐 즐거움을 위하여 이제 이러한 불 속에 들었도다. 한번 들매 다시 나갈 기약이 없어 아프고 쓰리고 서러운 마음이 그 뜨거운 괴로움보다 만 배나 더하니, 세상의 만 가지 흉한 형벌과 만 가지 독한 괴로움을 다 모아 한 몸에 받아도 지옥 형벌에 비하면 만분지일萬分之一도 당하지 못하리라. 또 천주의 무궁하신 전능을 생각하면 알 것이니, 지극히 밝은 것을 내려 하시어 해를 내시고, 무한히 큰 것을 내려 하시어 하늘을 내시고 지극히 즐겁게 하려 하시어 천당을 두시고 지극히 괴롭게 하려 하시어 지옥을 두셨으니, 이제 지옥의 괴로움이 어떻게 심하리오? 또 불의 형세를 의논할지라도 천주의 신통하신 능을 알 것이니, 장작불과 숯불은 심히 뜨거워 아무것이나 경각頃刻 사이에 태우고, 비위脾胃불(비장과 위장의 열)은 뜨겁지 아니하되, 음식 소화하기에는 장작불보다 더하고, 석류황石硫黃은 손으로 만지면 더웁지 아니하되, 다른 불에 닿으면 급히 일어나니, 다 불이로되, 그 형세가 각각 다른지라. 지옥에 두신 불은 또 이 세 가지 불과 크게 달라 형상이 있으나 능히 형상 없는 영혼을 괴롭게 하여[50] 항상 태워도 멸滅치 아니하니, 가령 지옥에 있는 사람에게 천주 이르시되,

"한 마리 개미가 바닷물을 일 년에 한 모금씩 물어내어 그 바다가 다 마르거든 지옥의 괴로움을 그치리라."

하시면, 오히려 바라는 마음이 아득하나 그 바닷물은 마를 때가 있으려니와, 지옥 괴로움은 그칠 때가 없는 줄을 아는 고로, 바랄 것이 아주 없으니 그 쓰리고 아프고 설움이 어찌 다시 비할 데 있으리오?

한 사람이 묻되,

"죽은 후에 화복禍福이 비록 있다 하나, 세상 사람이 아무도 가 본 이가 없고, 이 세상 복은 눈으로 보고 몸으로 받으니, 이 세상에서 잘 먹고 잘 입는 것이 좋은지라. 죽은 후의 일을 누가 알리오?"

대답하되,

"세상 일이 눈으로 보는 것은 다 믿을 길이 없고, 이치理致로 생각하여야 참으로 미더운지라. 저 달을 눈으로 보면 쟁반만 하고, 이치로 생각하면 쟁반보다 억만 배나 더 크니, 눈으로 작게 보이는 것은

---
50. [b.: 태워]

믿을 것이 아니요, 이치로 큰 것이 옳으니라.

또 손가락으로 높은 산을 가리키며 눈으로 보면 손가락이 그 산보다 더 높고, 이치로 생각하면 그 산이 손가락보다 억만 배나 높으니, 눈으로 산이 낮아 보이는 것은 믿을 길이 없고, 이치로 산이 높은 것을 믿을 것이니라. 그러므로, 세상 사람이 눈으로 보지 못하여도 이치로 생각하면 믿을 일이 많으니, 유복자遺腹子(아버지를 보지 못하고 태어난 자)가 그 아비를 보지 못하여도 제 몸이 생긴 것을 헤아리면 아비가 있는 줄을 알 것이요, 사람의 조상을 본 이 없어도, 그 자손을 보면 조상 있는 줄을 믿을 것이요, 시골 백성이 임금을 뵈옵지 못하여도 나라가 있고, 정사政事가 있는 것을 보면 임금이 계신 줄을 믿을지니, 이와 같이[51] 세상 사람이 비록 천주를 뵈옵지 못하고 천당에 가 보지 못하였으나, 세상 임금의 상과 벌을 보면 어찌 천지 임금의 무궁하신 상벌이 없다 하리오? 그뿐만 아니라, 천당과 지옥 말씀을 천주 친히 만민에게 이르시고, 만세萬歲 성인들이 한가지로 일러오는 말이니, 천지가 없으면 천주 계신 줄을 모르려니와, 천지가 이미 있으니, 천주 계실 것이요. 천주 지의지공至義至公하시니, 반드시 상 주시는 천당과 벌하시는 지옥이 있으리라. 또 사람마다 남의 영화롭고 즐거움을 보면 반드시 가로되, '하늘 우의 사람'이라 하니, 이는 스스로 하늘 위에 즐거움이 있는 줄을 알고 말함이

---

51. [a,b.: "믿고, 또 외국 백성이 중원에 황제 있어 사람에게 상 주고 벌 주는 것을 보지 못하여도 제 나라 임금이 상 주시고 벌 주시는 것을 인하여 중원에도 황제 있어 상 벌 주는 줄을 믿으니 이"라는 구절이 b에는 추가되어 있다.]

요, 또 천둥소리를 들으면 놀라고 두려워하여 문득 자기 죄악을 생각하여 혹 천벌을 입을까 저어하니, 이는 스스로 천주 악한 이를 벌하시는 줄을 앎이라. 슬프다. 천주의 상선벌악賞善罰惡(선한 것은 상을 주고 악한 것을 벌을 주는 것) 하시는 도리를 듣고 생전사후生前死後의 사정을 알면서 오히려 아득히 깨닫지 못하여, 번개 같은 세상의 잠깐 즐거움을 위하고 눈앞의 좋음을 취하여 헛것을 참 것으로 알고 중한 일을 경輕한 일로 알다가 죽은 후에야 비로소 눈으로 보고 몸으로 당하여 놀라고 서러워하여, 아무리 뉘우쳐 통곡한들 무엇에 유익하리오?

이 세상에 있을 때, 천주를 믿어 선을 행하였으면 공功이 되어 유익하려니와 죽은 후에 천주를 잃고 비록 한탄하나,[52] 무슨 효험이 있으며 어찌 늦지 아니하리오?"

---

52. [b. 추가: 비록 아니 믿고자 하여도 할 일 없이 믿으나 이때에 믿는 것이]

주교요지 하편

1. 천주 엿새 만에 천지 만물을 내시니라.

[˙˙]⁵³천주가 처음에 아무것도 없는 가운데로부터 천지를 내시고,⁵⁴ 또한 무수한 천신天神을 내시니, 그 천신의 성품이 다 착하고 형상이 없어 신묘하고 정통한지라. 그 품品이 아홉 층이 있으니, 그 중에 상품천신上品天神⁵⁵ 하나의 이름은 루치펠Lucipel이라. 천주 큰 재능과 슬기를 주시니, 그 천신이 자기의 신통하고 기이함을 알고 스스로 교만한 마음을 내어 망령되이 '천주와 같으도다' 하고 다른 천신에게 '저를 위하고 섬기라' 하니, 천신 중에 또 대천신大天神 하나가 이름은 미카엘Michael이라. 루치펠의 일을 절통히(몹시 원통하게) 여기고 또 천주가 모든 천신의 근본과 주재主宰 되시는 것을 알아, 그 은혜를 감사하고 그 높으심을 흠숭欽崇(흠모하고 공경함)하여, 천신 중 삼 분의 이 분(분량)을 거느려 한가지로 극진히 섬기는지라. 천주 그 충신되는 천신들을 천당에 두시어 무궁한 복락을 길이 누리게 하시고, 그 역적되는 천신들을 지옥에 나려 마귀가 되어 무진

---

53. [a. 추가: 천주 엿새에 천지만물을 이루시되]
54. [a.: 내시고, 또 큰 빛을 내시고]
55. [b.: 상품으로 대천신]

無盡(끝이 없음)한 벌을 받게 하시니라.

　천주 육 일 만에 만물을 조성造成하시어, 먼저 천지를 내시니, 혼돈混沌하여 차례 없는지라. 이에 차례를 나누실새, 첫날은 한 번 명하시어 경각頃刻(아주 짧은 동안) 사이에 빛을 내시고, 이튿날은[56] 하늘과 혼돈한 땅을 나누시고, 사흘(삼일째) 날은 땅이 높은 데는 산을 삼고, 땅이 낮은 데는 바다를 삼고, 또 땅에 있는 초목과 곡식이 나게 하시고, 나흘 날은 해와 달과 별을 만드시어 주야와 절후節候(절기)를 나누게 하시고, 닷새 날은 물속에 만 가지 고기와 공중에 만 가지 새를 나게 하시고, 엿새 날은 땅에 만 가지 짐승과 곤충을 나게 하시고, 나중에 사람을 내시니, 이는 어찌하신 뜻인고?

　천주 우리 사람을 사랑하심이 마치 부모가 자식을 사랑함과 같으시니, 부모가 자식을 위하여 먼저 집을 짓고, 전지田地와 가장집물家藏什物(집에 있는 온갖 세간)을 장만한 후에 자식을 살리나니, 천주도 이러하시어 먼저 하늘을 내어 덮으시고, 땅을 내어 실으시고, 일월을 내어 비추시고 오곡과 백과를 내어 기르게 마련하시고, 나중에 사람을 내시니라.

2. 세상이 본디 좋더니, 사람의 처음 조상이 천주께 득죄하매, 좋던 세상이 괴로와지고, 착하던 사람이 그릇되었느니라.

　천주가 황토黃土로 한 육신을 만드시고, 신령한 혼으로 결합하여 한 사나이를 내시니, 이름은 아담Adam(황토란 의미)이라.

---

56. [a,b.: 이튿날은 충충한]

천주가 아담으로 잠을 깊게 들게 하시고 그 갈빗대 하나를 빼어 한 계집사람의 몸을 만드시고 한 영혼으로 결합하시니, 이름은 에와Eve(뭇 사람의 어미라는 말)라.

두 사람이 다 장성한 몸으로 나서 짝하여 부부가 되니, 부부의 두 몸이 본디 한 몸으로 생김은 마땅히 서로 사랑케 하심이요, 또 여인이 사나이에게서 난 것은 아내가 마땅히 남편에게 공순恭順하게 하심이요, 또 천주가 두 사람에게 자식 낳는 능을 주시어 자식을 낳으니, 보천하普天下(온 세상) 억만 사람이 다 그 자손이 되는 고로, 우리 사람이 서로 사랑하기를 한 부모에게서 태어난 동생같이 하게 하심이라. 천주 아담과 에와에게 특별한 은혜를 나리어 그 성품이 착하여 사욕[57]邪欲(그릇된 욕망)이 없고 그 슬기가 밝아 흐린 곳이 없고, 마음이 극히 발라 편벽編僻(한쪽으로 치우침)되지 아니하니, 이는 영혼의 복이요, 또 천주 이 세상에 한 좋은 곳을 만드시니, 이름이 지당地堂[58]이라. 이 두 사람을 지당에 두시매, 지당은 춥지도 덥지도 아니하고 오곡백과가 다 절로 나서 밭 갈지 아니하여도 먹을 것이 넉넉하고, 옷을 입지 아니하여도 몸이 빛나 부끄러움이 없고, 또 모든 짐승이 사람의 명을 들어, 범과 뱀 같은 것이라도 사람을 상해傷害치 아니하고, 또 병도 없고 아픔도 없어, 몸이 죽지 아니하여, 세상에 있을 기한이 차면 산 몸으로 천당에 올려 천신의 빈자리를 깁게 하시려 함이요, 또 그 만세자손萬世子孫도 다 복을 누리게 하실 것이

---

57. [a.: 야욕]
58. 인류의 원조가 타락되기 전에 살았다는 만복이 깃든 장소, 즉 에덴동산을 뜻한다.

로되, 이런 무궁한 은혜를 공 없이 그저 주지 아니 하실지라. 먼저 공을 세우고 후에 복을 받게 하려 하시어, 천주 원조元祖(원조는 으뜸 조상이란 말이니 아담과 에와를 의미)에게 이르시되,

"지당에 백 가지 실과를 다 먹되, 다만 한 가지 지선악수[59]知善惡 樹(선악과)를 먹지 말라. 만일 이 실과를 먹으면 은혜를 잃어 이 세상에서 무수한 괴로움을 받아 죽기를 면치 못하고 또 훗 세상에 지옥의 괴로움을 받을 것이요, 또 이 죄로 너의 만세자손까지 앙화殃禍(재앙과 화)가 미치리라." 하셨느니라.

마귀가 그때에, 사람이 천주의 은혜를 중히 받아 세상에서 지당복地堂福(에덴동산의 복)을 누리다가 훗 세상에 천당복을 얻어, 저희가 앉았던 자리에 올라갈 줄을 알고 깊이 질투를[60] 내어 그 복을 잃게 하고자 하여 지옥으로부터 나와, [̈][61] 먼저 에와를 유인하여 가로되,

"지당에 백 가지 실과를 다 먹되, 어찌하여 오직 지선악수의 실과[62]를 천주가 너희에게 먹지 말라 하시뇨?"

대답하되,

"만일 이 실과를 우리가 먹으면 죽으리라 하신 연고이로다."

마귀 속여 이르되,

"그렇지 아니하니, 네가 만일 이 실과를 먹으면 슬기가 천주와

---

59. [a.: 실과] [b.: 선악과]
60. [b.: 욕심을]
61. [a.b 추가: 사람이 마귀 말을 듣지 아니하면 은혜를 보전하여 곰이 될 것이오 사람이 마귀 꾀임을 들으면 은혜를 잃어 죄가 될지라. 이에 마귀]
62. [b.: 선악과 한가지]

같아져 모를 일이 없겠기에, 천주 너희에게 먹지 말라 하시니라."

에와가 그 꾀임을 듣고 망령되어 천주와 같은 마음을 내어, 인因하여 따 먹고 또 아담을 권하여 먹으라 하매, 아담이 그 아내의 말을 듣고 받아먹으니, 슬프다. 경각 사이에 범명犯命(명을 어김)함으로 즐겁던 세상이 홀연히 괴로운 세상이 되어 춥고 더우며, 배고프고 목마르며 수고로이 밭간 후에야 곡식이 되고 부지런히 질삼을 한 후에야 옷을 입으며, 또 천주는 사람의 임금이 되시고, 사람은 만물의 임금이 되게 하셨거늘, 이제 사람이 천주께 죄를 범하였기에 만물도 그 갚음으로 사람을 해롭게 하여, 뱀과 범 같은 것이 다 능히 사람을 죽이고, 백 가지 병이 때때로 일어나 죽기를 면치 못하니 이는 육신의 병이요, 그 영혼의 병은 더 크고 중한지라. 마음의 밝은 것이 변하여 어두워지고, 성품의 어진 것이 변하여 글러지고, 마음에 잡은 주장이 남아 있으나, 이미 편벽되고 바르지 아니하여 착한 일 하기는 여울을 거스려 올라가기 같이 어렵고 악한 일 하기는 언덕에서 순히 내려 닫기 같이 쉬운지라. 이러므로, 사람이 천주의 자식되는 높은 위位를 잃고, 마귀 종이 되어 일생에 괴롭고 수고롭다가 죽은 후에 더욱 무궁한 괴로움을 받게 되고 또 그 만세자손이 한가지로 원죄로 말미암아, 벌을 입어 죄의 더러움을 물들어 태어나는지라. 그런 고로 성경에 일렀으되,

"어린아이 땅에 떨어지면 다 죄인이라."

하시니, 이는 원조元祖의 죄를 이르심이라. 하물며 장성한 사람은 원조의 죄뿐 아니라, 또 자기가 지은 죄를 더하였으니, 그 죄를 어

찌 다 이르리오? 한 사람이 묻되,

"원조의 실과 먹은 죄가 무슨 큰 죄이기에, 그 벌이 이렇듯이 중하고 또 자손에게까지 미침은 어쩜이뇨?"

대답하되,

"죄악의 경하고 중함이 죄지은 곳이 높고 낮은 데 달렸으니, 말하자면 백성이 원員(원님)에게 죄를 지었으면 그 형벌이 태장[63]을 받을 것이요, 감사에게 지었으면 형추刑推(죄인을 형장에서 때리며 심문하는 일)를 당할 것이요, 임금께 지었으면 죽기를 면치 못할 것이니, 죄는 한 가지라도, 죄지은 곳이 더욱 높을수록 그 형벌이 더욱 중한지라. 이제 원조의 실과 먹은 죄가 무궁히 높으신 천주께 범하였으니, 천주 무궁히 높으신즉 그 죄가 무궁히 중할 것이요, 그 죄가 무궁한즉 그 형벌도 무궁할 것이니, 어찌 무궁한 괴로움을 면하며, 또 만세자손인들 어찌 그 벌을 면하리오? 비유컨대, 사람의 조상이 임금께 득죄하였으면 그 자손이 대대로 변방에 충군充軍[64]하고 종 되는 법이 있나니, 원조의 벌이 그 자손까지 연루 함을 어찌 마땅치 않다 하리오?"

---

63. 태장은 태형과 장형을 이른다. 태형은 매로 볼기를 치는 형벌로 10대에서 100대에 이른다. 장형은 곤장으로 볼기를 치는 형벌로 60대에서 100대에 이른다.
64. 변방에 충군한다는 말은 죄를 지은 벼슬아치를 군복무에 편입시키거나, 죄를 지은 평민을 천민들로 이루어진 역군에 편입시키던 형벌의 일종을 의미한다.

3. 천주 강생降生하여 사람이 되시어, 온 세상 사람의 죄를 구하시고 속하시니라.

원조가 한 번 죄를 지은 후에, 온 천하 고금 사람이 다 지옥의 무궁한 형벌을 받게 되었는지라. 천주 지극히 어지시고 지극히 엄한 덕이 계시니, 지극히 어지신 즉 사람의 죄를 다 사하고자 하시되, 만일 그저 사하시면 지극히 엄하신 덕을 행치 아니하여 사람이 더욱 죄를 짓기에 기탄없을 것이요. 지극히 엄하신즉 죄인을 즉시 벌하고자 하시되, 만일 다 벌하시면 지극히 어지신 덕이 상할 것이요, 또 사람을 내시어 하늘에 올리려 하신 본뜻이 아니라. 이러므로 그저 사하기도 어렵고, 벌하기도 어려워 두 가지 다 난처하고, 또 지극히 공번된(사사롭지 않고 정당한) 덕이 계시니, 지극히 공번 되신즉 그 형벌이 그 죄에 맞갖게(맞고 같게) 하고자 하실지라. 그 죄가 이미 무궁한 즉 그 형벌도 무궁한 후에야 그 벌이 그 죄에 마땅하여 속죄가 될지라. 그러한즉 온 세상 사람이 천주 앞에 다 죽어도 그 죽는 벌이 한이 있으니, 어찌 한이 있는 벌로 한이 없는 죄를 속하리오? 또 사람은 지극히 천하고 천주는 지극히 높으시니, 지극히 천한 사람으로 지극히 높으신 천주께 죄를 얻었은즉, 그 죄를 속할 길이 없으나, 다만 한 신통한 법이 있으니, 만일 한 사람이 있어 높기가 천주와 같아서 만인의 죄를 다 그 몸에 안고 벌을 받으면 비로소 속죄가 될지니, 대개 죄를 범한 곳이 비록 지극히 높으신 천주이시나, 속하는 이도 또한 천주와 같이 높은 즉 가히 천주께 범한 죄를 속할지라. 그 높이가 천주와 같이 한이 없는 고로 그 속한 공도 또한 그 높음과 같이 한이 없나니, 이미 무한한 공이 있은즉 가히 무한한 죄를 속할지라. 그러하나, 사람은 다 지극히 천하고 지극히 낮으니, 어찌 천주와 같이 높은 이가 있으리오? 천주와 같이 높으신 이는 오직 한 천주이시라. 이에 천주 지극히 어지신 마음으로 세상 사람을 불쌍히 여기시어 친히 세상에 나려와 사람이 되시어, 우리 죄를 속하셔야 도리에 마땅할지라. 이러므로, 천주 세상에 내리시기 전에 속죄하실 말씀을 미리 원조元祖에게 이르시고, 그 후에 여러 성인을 대대로 보내시어, 세상에 내려 속죄하실 말씀을 미리 원조에게 이르시고, 그 후에 여러 성인을 대대로 보내시어, 세상에 내려 속죄하실 말씀을 전파하여 성경에 기록하게 하시니라.[65]

천주 아무 때에 나심과 아무 땅에 내리심과 그 행실과 사적의 어떠하심을 다 성경에 자세히 말씀하셨더니, 과연 성경에 하신 말씀과 같아, 그 나신 때와 내리신 땅과 평생에 하신 일이 다 낱낱이 서로 맞아, 호말毫末(조금)도 틀리지 아니한지라.

천주 강생하시려 할 때에 한 여인이 계시니, 이름은 마리아라. 그 성품이 지극히 순전하시고, 그 행실히 지극히 아름다우시어 홀로 원죄에 물들지 아니하시고, 그 착하신 덕은 천하 만고에 제일이 되시는지라. 평생에 조촐한 덕을 닦으시어, 아이 몸[66]을 지키어, 천주를 사랑하시는 마음이 온전하시더니, 천주 특별히 마리아를 뽑으시어 모친을 삼아 나시려 하시어, 먼저 가브리엘 대천신大天神을 보

---

65. [b. : 하시니 그 성경에 미리 말씀하셨으되]
66. 여기서 '아이 몸'이란 동정을 의미한다.

내어 마리아께 보報하여 가로되,

"네 복을 신축信祝(진실로 축하하고 빔) 하나이다. 성총聖寵(임금의 사랑과 같은 극진한 사랑)을 가득히 입으신 마리아여. 주 너와 한가지로 계시도소이다. 너 장차 잉태하여 아들을 낳을 것이니, 예수라 이름 하소서."[67]

마리아 그 말씀을 들으시고 아이몸(동정)과 조촐하신 덕을 보전치 못할까 저어하여 놀라 가라사대,

"나 이미 종신토록 아이몸을 지키려 하였으니, 자식 낳으리라 말씀이 어쩐 일이요?"

천신이 대답하여 가로되,

"천주 스스로 무궁하신 능히 계시니, 염려치 마옵소서."

마리아 허락하여 가라사대,

"그러하면 네 말씀대로 내게 이루어지이다."

이에, 천주성신이 신묘하신 능으로, 마리아의 조촐하신(깨끗한) 피를 가지고 경각 사이에 한 육신을 이루시고, 아울러 아름다운 영혼을 붙이시매 즉시 천주 제2위인 성자가 그 인성을 취하여 결합하신지라. 천주에 제2위 성자께서 성모 마리아의 복중에 계신 치[68] 아홉 달 만에 성탄 하시니, 때는 한漢 나라 애제哀帝 원수元壽 2년 동지후冬至後 제4일이니, 강생하신 때로부터 이제 이르기까지 일천 구백

---

67. 누가복음 1:26.
68. [b. : 성자와 한가지로 합하신지라.]

삼십 여년[69]이니라. 나신 후 8일 만에 할손례割損禮(할례)를 받으시고 '예수'라 이름하시니, 태에서 나리시기 전에 천신이 천주의 명을 받들어 성모 마리아께 보報한 이름이라. '예수'란 말씀은 '세상을 구속하신 주라'는 뜻이니, 예수 한 위에 천주성天主性과 인성人性을 결합하여 계시니, 진실로 참 사람이시요, 참 천주이시라. 참 사람이심은 영혼과 육신이 계시어 사람으로 더불어 다름이 없으심이요, 참 천주이심은 천주성자가 천주 성부와 천주성신으로 더불어 한 체이시요, 한 성性이시며, 또 예수가 한 위에 천주성과 인성이 서로 합하여 계심은 마치 사람의 영혼과 육신이 합하여[70] 한 사람이 됨과 같으시니, 그 천주성을 변하여 사람이 되심도 아니요, 그 인성을 변하여 천주가 되심도 아니니라. 두 성이 비록 합하였으나, 그 성이 각각 있고 각각 행하여, 천주는 천주의 성을 쓰시고 사람은 사람의 성性을 쓰시니, 비유컨대 복숭아나무에 두 가지가 있으니, 한 가지는 뿌리에 붙어 나고, 한 가지는 베고 살구나무 가지를 접하매, 각각 그 본성이 있어 각각 그 열매 열림에 복숭아 가지에는 복숭아가 열리고, 살구나무 가지에는 살구가 열리었으니, 복숭아가 변하여 살구가 됨이 아니라, 가지를 둘이로되, 나무는 하나이니, 두 가지 한 뿌리에 붙은 연고이라. 예수 한 위에 천주성과 인성을 합하심이 마치 복숭아나무에 살구 가지를 접함과 같은지라. 그런고로, 그 성은 비록 둘이시나, 그 위는 오직 하나이시니, 진실로 천주이시요,

---

69. [a,b. : 팔백 여년]
70. [a,b. : 합하여 세상을 구하시는 자가 되시니 마치 사람의 영혼과 육신이 합하여]

사람이시며, 사람이시요, 천주이시라. 예수 두 가지 성의 합하심이 이렇듯이 아름답고, 또 가지 성의 합하심이 이렇듯이 아름답고, 또 두 가지 성을 쓰시는 묘리妙理(오묘한 이치)가 기묘하고 신통하시니라.

예수의 인성을 의논하면, 아담의 자손인 고로, 가히 아담의 끼친 죄를 안을 것이요, 또 사람과 같은 혈맥血脈인 고로 가히 사람의 범한 죄를 담당할 것이며, 그 천주성을 의논하면, 지극히 높으시고 한량없이 존귀하시니, 한 번 작은 괴로움만 받으셔도 다 무한한 공이 되어, 천하 사람의 죄를 넉넉히 속하여, 그 공이 남을 것이요, 천주성과 인성이 겸하여 계심을 의논하면 위로 천주께 친하시고, 아래로 사람에게 친하시니, 예수 천주와 사람, 두 사이에 거간居間(중개자)이 되시어, 천주께는 성부의 아들이시요, 사람에게는 만민의 장형長兄(맏형)이시니, 형 된 이가 그 아비께 아우의 죄지음을 보고 불쌍히 여겨 그 아비에게 아우의 죄를 자기가 지은 듯이 하여, 사赦하시기를 구하면 그 아비 된 이가 그 맏아들의 간절히 비는 형상을 보고 반드시 그 작은아들의 죄를 풀어 줄지라. 이와 같이 예수 한 위가 천주와 사람, 두 사이에 사다리가 되시느니라.

천주가 사람에게 은혜를 주시려 하면[71] 예수가 천주성(신성)으로 천주께 받아, 인성으로 사람에게 나리우시고, 사람이 천주께 구하려 하면 예수가 인성으로 사람에게 받아 천주성으로 천주께 올리시며, 예수가 또 원조元祖에게 서로 맞은 짝이 되어, 원조는 세상을 무너뜨렸거늘, 예수는 세상을 구원하시고, 원조는 만 가지 죄의 뿌

---

71. [a,b. : 주시고 가르치려 하면]

리 되거늘, 예수는 만 가지 덕의 뿌리 되시고, 원조는 만 가지 화의 근본이 되거늘 예수는 만 가지 복의 근원이 되시어 원조의 잃은 바를 예수가 회복하게 하시고, 원조의 그르친 바를 예수가 고치시고, 원조의 지은 죄를 예수가 속하시고, 원조의 병든 바를 예수가 낫게 하시고, 원조의 죽은 바를 예수가 살리신 고로, 예수는 다시 살리시는 조상이시라 이르느니라. 또 비유컨대, 두 사람이 서로 원수가 되어 스스로 화해할 길이 없더니, 한 벗이 있어 그 두 사람과 친하매, 그 사이에 거간居間(매개)하여 화해를 붙이면, 그 두 사람이 도로 좋아할지라. 사람이 천주께 득죄하여 천주와 사람이 서로 원수가 된지라. 사람이 천주께 빌어 죄를 벗어날 길이 없고, 천주가 사람에게 은총을 나리실 길이 없더니, 예수가 천주와 사람 두 사이에 계시어 위로는 천주와 일체가 되시고, 아래로는 사람과 한 기혈氣血(생기와 혈액)이 되시어 천주와 사람에게 다 친하신 고로, 천주가 사람으로 더불어 다시 화합하게 하시니라.

예수가 탄생하실 때에 천신이 공중에서 풍류[72]를 들고 천주를 찬미하고 세상 사람을 경하慶賀(경사로운 일을 축하함)하며, 또 근방에 있던 목동들이 천신의 가르친 말씀을 듣고 세상 구하실 천주가 강생하심을 알고 앞으로 나아가 엎드려 절하며, 또 다른 나라에 세 임금이 있어 천문天文(하늘의 글, 하나님의 말씀)을 통달하더니, 하루는 하늘에 보지 못하던 이상한 별을 보고 홀연 생각하니, 성경이 일렀으되,

"천주가 세상에 나리실 때에 이상한 별이 하늘에 뵈리라."

---

72. 풍악의 오역인 듯하다.

한 말씀이 감동하여 즉시 길을 떠나, 별을 따라갈새, 그 별이 공중에 행하여 예수 강생하신 곳에 이르러 그치니, 삼왕三王이 들어가 예수를 뵈옵고 참 천주이신 줄을 알고 엎드려 절하니라.

예수가 세상에서 서른 세 해를 계시며 지극한 덕의 표양表樣을 보이시며 지극히 거룩한 교敎를 세우시고 사람의 마음을 감화하시고, 또 영적靈蹟(영적인 기적)을 무수히 나타내시며 소경을 보게 하시고, 귀 막힌 이를 듣게 하시고, 벙어리를 말하게 하시고, 병든 자를 낫게 하시고, 죽은 사람을 다시 살아나게 하시고, 바람과 물결을 '그치라' 하시면 그치고, 초목을 '마르라' 하시면 마르고, 마귀를 쫓으시면 마귀 물러가 천지 만물이 다 명령을 따르니, 이는 천주의 무궁하신 능을 나타내심이요, 또 육신의 병을 고치심으로써 영혼의 병을 고치는 빙거憑據(증거)를 보이심이라. 예수가 만민의 머리가 되시는 고로, 마침내 만민의 죄를 당신 한 몸에 담당하시어 목숨을 버려 만민의 죄를 속하시기를 위하여 죽으시니라.

옛적에 서국西國에서 두 나라가 서로 싸워, 백성이 무수히 죽고 승패를 결단치 못한지라. 그 한 나라 임금이 백성을 불쌍히 여겨 귀신에게 점을 쳐 물어보니, 가로되,

"임금이 죽으면 적국을 이기고 백성이 다 살리라."

하거늘, 임금이 백성을 사랑하는 마음이 지극하여, 임금의 옷을 벗고 군복으로 바꾸어 입고 다른 사람이 모르게 하여, 적진敵陣 가운데에 들어가 죽으니, 그 백성을 위하여 죽기를 자원함이 어찌 아름답지 아니하며 찬송치 아니하리오? 이제 예수도 세상을 구하신

법이, 이와 같이 만세만민萬世萬民을 살리기 위하여 고난을 즐겨 받으시고 마침내 죽기까지 하셨으니, 그 은혜 더욱 기묘하시고 만 배나 더 하니라.

이때에 유대아 나라에 악한 사람의 무리가 있었으니, 외면으로는 착한 듯하되, 실로 안 마음이 흉하고, 밝은 듯하되 실로 미련하니, 예수가 그 사이에 거居하심이, 마치 밝은 거울에 얼굴을 비추면 곱고 더러운 모양이 나타남과 같은지라. 예수가 저들의 흉악한 마음을 밝히 비추시어 드러나게 경계하시고 꾸짖으시니, 그 몹쓸 무리가 이 경책 하심을 싫어하여 원통한 마음으로 항상 상傷하고자 하나, 예수 죽으실 기약이 이르기 전에는 저희 무리가 아무리 죽이려고 꾀하여도 마음대로 못하더니, 마침내 수난하실 기약이 이르매, 악한 무리가 흉계를 비로소 방자히 하거늘. 예수 이에 세상을 구하실 공을 이루고자 하시어, 그 악한 계교를 버려두어, 당신의 전능하신 덕을 나타내시니라. 수난 전날 밤에 예수가 성 밖 오리와 동산(감람산이라고 불리는 올리브 산이나, 본문에서는 겟세마네 동산을 가리킴)에 가시어 천주성부께 세 번을 빌으실새, 생각하시되,

"내 장차 이렇듯이 중한 괴로움을 받아도, 만세의 사람이 오히려 감동치 못하고 죄를 고치지 아니하여 지옥에 떨어지는 자가 많으리라."

하여, 참혹히 여기시는 마음이 간절하시고 온몸에 피땀이 흐르신지라. 또 천주 성부께 엎드려 절하시고 사람의 죄를 사赦하여 주

시기를 구하시더니, 밤중이 되매. 악한 무리들이[73] '오리와 동산'으로 오거늘, 예수 태연히 물으시되,

"누구를 찾느냐?"[ ][74]

예수 가라사대,

"내로라."

하시니, 그 한 말씀에 악한 무리들이[75] 땅에 자빠져 죽은 모양이라. 예수 그 무리더러

"일어나라."

하시매. 악한 무리들이[76] 그 소리에 다시 깨어 일어나니, 이는 어떠하신 뜻인고?

예수 저희에게 잡히시고 형벌을 받으심이 다 당신 자원으로 하심이요, 힘이 부족하심은 아니라. 만일 잡혀가지 아니하려 하시면 악당이 어찌 능히 수족手足을 움직였으리요? 악당들이 이에[77] 예수를 잡아 결박하여 본디오 빌라도 관가에 보내고 바리사이파 사람이 많이 모여, 한가지로 아문衙門(관청을 총칭하여 부르는 말)에 들어가 예수를 무함誣陷(없는 사실을 거짓으로 꾸며서 남을 어려운 지경에 빠지게 하

---

73. [a.b. : 무리들이 오백인을 데리고]
74. [a.b. 추가: 대답하되 "예수를 찾노라"]
75. [a.b. : 오백인이]
76. [b. : 오백인이]
77. [a.b. : 그 오백인을 다시 일어나지 못하고 아주 죽게 하시려 하여도 지극히 쉬운지라. 예수 괴로움을 받으시고 형벌을 당하심이 다 당신이 스스로 하고자 하심이오 사람의 힘으로 강박한 일이 아닌 줄을 알게 하심이니라. 오백인이]

는 짓)하여 떠들어대니, 빌라도가 저들의 말이 그른 줄을 알되, 나약한 마음으로 악당을 무서워하여, 예수를 군사들 손에 맡기니, 군사가 예수의 옷을 벗겨 돌기둥에 잡아매고 편태鞭笞(채찍이나 몽둥이)하니, 예수의 온몸이 터져, 피가 낭자히 흐르는지라. 또 능욕凌辱하여 가시관을 만들어 예수의 머리에 씌우고 막대로 그 관을 내리치니, 가시가 머리에 깊이 박혀, 피가 흘러 얼굴에 가득한지라. 또 예수를 조롱하여 임금의 옷을 입히고 거짓 예로 '유대아 임금께 절한다' 하더라. 빌라도가 예수의 온몸이 찢어져 피흐름을 보고 마음에 참혹히 여겨, 악당들의 마음을 감동할까 하여 예수를 가리키며

"이 사람을 보라."

하니, 악당이 빌라도의 놓으려 하는 뜻이 있는 줄을 알고, 다투어 일어나 소리 질러 가로되,

"예수가 나라는 배반하였는데도 만일 저를 죽이지 아니하면, 우리가 국왕에게 여쭈어, 네가 예수와 한가지로 반한다 하여, 예수와 한가지로 죄를 입게 하리라."

하거늘, 빌라도가 뭇사람의 요란함을 보고 크게 겁을 내어, 예수를 십자가에 못 박아 죽이기로 판단하여, 악당들 손에 맡기며 가로되,

"너희 임의대로 하라. 예수를 죽은 죄는 너희들이 담당할 것이니, 내게는 관계없다."

하고, 인하여 물로 손을 씻으며

"죄 없노라."

하니, 악당이 가장 크고 무거운 십자가를 만들어 예수에게 지우

고 성 밖에 나가 갈와리아산(갈보리산)으로 가니, 예수가 십자가를 지고 가실 때에 길에서 근력이 곤핍困乏하시어 세 번을 넘어지시니라. 그 산꼭대기에 이르시매, 악당이 예수의 옷을 벗기고 거룩하신 몸은 십자가 위에 놓고 두 손을 나누어 못을 박고 두 발을 모아 못 박는지라. 이때에는 바로 오시午時러니, 홀연히 어둡기가 밤 같아져 일월이 빛을 잃고, 온 땅이 진동하여 산이 무너지며, 돌이 서로 부딪치고, 고총古塚이 절로 열리며, 사람이 다 놀라 울고, 만물이 다 참혹한 모양으로 죽으신 예수가 참 천주 되심을 나타내더라. 예수가 죽으신 후에 악당이 또 창으로 그 오른편 늑방肋房을 찔러 온몸에 피와 물이 다 쏟아져, 사람의 죄를 구속함을 이미 마치시매, 이에 천주 성부의 진노하심이 그치시고, 사람에게 복이 다시 돌아오니라.

예수의 제자들이 그 거룩하신 시체를 습렴襲殮하여 돌무덤에 장사하고 예수의[78] 거룩하신 영혼은 고성소古聖所 림보로 가시어 강생전 성인들의 영혼을 위로하시니라.[79]

4. 예수가 다시 살아나신 후 사십 일에,[80] 하늘에 올라가시니라.

예수가 죽으신지 사흘 만에 영혼이 그 육신 있는 무덤 속으로 들어가시어, 당신 신통하던 능으로 그 육신과 결합하여 다시 살으시

---

78. [b. 그]
79. [a.b. 이미 림보 옛 성인들 있는 곳에 가시어 그 성인들을 위로하니라]
80. [a. 없음]

니, 그 부활하신 몸은 옷을 입지 아니하셔도 영화로운 빛이 온몸에 둘러싸이고 전에 흘리신 피가 경각 사이에 다 그 몸으로 돌아와 한 점도 땅에 끼침이 없고 온몸의 상하신 흔적이 없으시되, 홀로 두 손과 두 발과, 가슴에 상하신 다섯 구멍을 머무르시어 사람의 죄를 속하여 주신 표를 보이시나, 다만 그 오상五傷의 영화로운 빛이 온몸에서 배로 더하시더라. 예수가 부활하시어, 먼저 성모聖母 마리아께 가 보이시니, 성모가 죽었던 아들을 다시 보시매, 그 몸에 영광과 아름다움이 영롱하시고 휘황하시니, 즐겁고 기쁘기가 측량 없는지라. 예수의 다시 살으신 몸은 세상에 계시던 몸과 달라, 사람의 눈으로 볼 길이 없어, 당신이 보이신 후에야 비로소 사람이 보는지라. 성모께 보이신 후에, 두 번째는 성녀聖女 막달레나에게 보이시고, 세 번째는 여러 성녀에게 보이시고, 네 번째는 수종도首宗徒(수제자) 베드로에게 보이시고, 다섯 번째는 길에서 두 제자에게 보이시고, 여섯 번째는 열 종도宗徒에게 보이시니, 이때에 종도들이 문을 닫고 한가지로 있더니, 홀연 문이 열리지 아니하고 예수가 방 가운데 들어와 계시거늘, 모든 제자들이 떨며 무서워하니, 예수 가라사대,

"너희들이 무서워하지 말고, 내 손과 발을 자세히 살펴보아라. 내 진실로 이전의 몸이요, 신神이 아니로다."

하시고, 인하여 그 손과 발을 보이시니, 못 박혀 뚫리신 구멍이 머물러 있는지라. 종도들이 기이하게 여겨 앞으로 나와 가까이하되, 오히려 믿지 아니하거늘, 예수가 물으시되,

"너희들에게 먹을 것이 있느냐?"

종도들이 물고기 구은 것 한 조각과 개꿀 한 덩이를 가져다 드리니, 예수가 잡수시고 나머지를 제자들에게 나누어 주시니, 이는 그 참된 몸이신 줄을 나타내심이라.

또 가라사대,

"너희들이 한가지로 평안히 거居하여라. 내 너희를 보내기를 마치 나의 성부가 나를 보내심과 같이 하리라."

하시고, 이에 모든 이를 향하여 입김을 불어 가라사대,

"이제 성신을 받아라. 너희가 사람의 죄를 사赦해 주면 나도 사하고, 머무르면 나도 머무르리라."

하시더라.

예수가 가신 후에 도마 종도가 비로소 이르매, 모든 종도가 그에게 이르되,

"우리들이 오주吾主(나의 주) 예수를 보았노라."

하나, 도마가 곧이듣지 아니하며 말하되,

"내 눈으로 두 손에 못 박히신 자취를 보지 못하고 내 손을 그 상하신 가슴에 넣어 보지 못하면 반드시 믿지 못하리라."

하더니, 팔 일 후 일곱 번째는 열한 종도에게 보이실새, 예수가 도마 종도를 불러 가라사대,

"네 눈으로 내 손을 보고, 네 손으로 내 가슴을 만져 의심을 두지 말라."

도마가 공경스러이 보고 만지매, 그 마음에 황연晃然(환하게 밝은 모양으로)히 깨달아 크게 기뻐하며 소리를 질러 가로되,

"참 우리 주이시며 우리 천주이로소이다."

예수 가라사대,

"네가 나를 본 후에야 비로소 믿으니, 나를 보지 아니하고 믿는 이는 더욱 진복자眞福者(진정으로 복된 자) 이로다."

하시더라.

예수가 도마의 의심을 풀으심은 깊은 뜻이 계시니, 대개 한 사람의 한 때의 의심을 가지고 만세 만민萬世萬民의 의심을 풀으시고 한 사람으로써 그 몸을 만지게 하시어, 후세의 모든 사람에게 믿는 증거를 삼으시니라.

여덟 번째는 종도 일곱 사람에게 보이시고, 아홉 번째는 열한 종도에게 다시 보이시고, 열 번째는 한 종도에게 보이시고, 열한 번째는 봉교奉敎하는 오백 인에게 보이시고, 하늘에 오르시는 날까지 열두 번을 보이신지라. 예수가 세상에 계신 지 사십 일 동안에 천주 성교天主聖敎의 법을 세우시고, 그 제자들을 자세히 가르치시고, 사십 일의 기약이 차매, 장차 하늘에 오르실새, 모든 제자더러 이르시되,

"내가 하늘 위와 땅 아래의 권權을 온전히 받았으니, 너희들이 마땅히 내 명을 받들어 천하에 가서, 천주의 바른 도리로 만민을 가르치고, 물로 씻기되, 부父와 자子와 성신聖神의 이름을 인하여 하라. 내 너희에게 이른 바를 너희도 만민에게 가르쳐, 그중에 믿고 물로 씻김을 받는 이는 반드시 하늘에 올라, 길이 무궁한 복을 누릴 것이요, 믿지 아니하는 이는 반드시 지옥에 떨어져 무궁한 괴로움을 받으리라."

또 가라사대,

"믿는 자에게는 반드시 많은 영적이 있으리니, 내 이름을 인하여 능히 마귀를 쫓고 능히 다른 나라 말을 하고, 독한 것을 마셔도 해가 되지 아니하고, 병든 이를 만지면 병이 나으리라."

하시고, 또 가라사대,

"내 날마다 너희로 더불어 한가지로 하여 세상 마칠 때까지 있으리라."

하시니라. 말씀을 마치심에, 문제門弟(제자들)를 데리고 오리와산(올리브산)으로 가시니, 성모 또한 따라가 계신지라. 예수 손을 들어 모든 제자들에게 강복하시고, 그 거룩하신 몸이 땅을 떠나 공중에 오르실새, 옛적 성인의 영혼이 한가지로 따르고, 모든 천신이 좌우로 모시며 공중에 풍류風流를 드리고, 높이 오르시매 채색 구름이 예수의 발을 가리워, 뭇사람의 눈에 보이지 아니하는지라. 예수의 몸이[81] 하늘을 뚫으시고 천당에 오르시어 천주 성부 오른편에 좌정하신지라. 성모와 제자 일백스무 사람이 다 오리와산 위에서 하늘을 우러러보고 사모하여 차마 떠나지 못하니, 오주吾主 예수가 그 제자들의 바라보는 모양을 보시고, 두 천신을 내려보내시어 위로하여 가라사대,

"예수 이미 오르시어, 이제 천당에 계시며 만민을 살리고 죽이고, 복을 주고 화를 주는 권한을 맡아 계시니, 이후에 세계 마칠 때에, 다시 이 세상에 내려오시어, 천하 고금 사람의 공과 죄를 살펴

---

81. [b. 몸이 층층히]

상과 벌을 결단하시리라." 하시니라.

5.[82] 예수 하늘에 오르시던 발자취가 있느니라.

예수가 하늘에 오르실 때에, 그 발로 밟으신 돌에 발자취가 있어 마치 새긴 듯하니, 만국 사람이 매양 그 앞에 가 절하고 돌을 깎아 먹으면 백병百病이 나아 영적이 많은지라. 그 후에 회회국回回國 사람이 그 발자취 하나를 가져가 저희 예배당에 모시어 공경하고, 발자취 하나는 이때까지 올리브산에 머물러 있으니, 그 위에 성당을 지어 애중愛重히 여겨 사모하는 고로 조배朝拜하러 오는 자를 가히 셀 수 없더라.

6. 십자가의 기묘한 능과 영적이[83] 무궁무진하니라.

십자가는 천주 예수의 세상을 구하신 그릇이니, 십자가의 기묘한 능과 신령한 자취가 이제 이르도록 무수히 나타나 백병을 고치고 마귀를 쫓고 죽은 사람을 다시 살리는지라. 그런고로 모든 교우가 다투어 모시고 보목寶木으로 삼아 공경할 뿐 아니라, 대대로 봉교奉敎하는 사람이 십자 성호十字聖號를 그리기만 하여도 병을 고치고 죽은 이를 살리고 마귀를 쫓는 일이 무수하니라.

---

82. [a.b. 제5장은 없음]
83. [a.b. 신령한 자취]

7. 세상이 마칠 때에 천주 예수가 다시 내려오시어, 천하 고금 사람들을 다 심판하시리라.

천주가 이미 세계를 내셨은즉, 반드시 세계를 마치실 날이 있을지라. 예수 일찍이 말씀하시되,

"세계를 마치실 때에 하늘로부터 다시 내려오겠노라." 하시니, 그 제자들이 묻자오되,

"어느 때에 내려오시려 하시나이까?" 예수 이르시되,

"하늘에 있는 천사도 그때를 알지 못하느니라." 하시고, 그때를 이르지 아니하시고 그때에 하실 일을 미리 일러 말씀하시되,

"세상이 장차 마칠 때에 천하 만국이 서로 싸우고 죽이며 흉년이 들고 여역癘疫(전염성 열병)이 대치大熾하며 재앙이 무수하여 사람이 많이 죽고 바다가 뒤끓고 산이 무너지며 온 땅이 진동하고 하늘이 어지러이 움직이며 일월과 별이 다 그 빛을 잃고 세상 마칠 날이 이르면 하늘로부터 큰 불이 내려와 초목과 짐승과 사람을 다 태우고 천주가 무수한 천신을 명하시어, 천하 고금의 죽은 사람을 다 불러내어 천주의 무궁하신 능으로 다시 살리시니, 무덤 속에 썩어 흙이 된 몸이 경각 사이에 본 몸을 이루고 천당에 있던 영혼과 지옥에 있던 영혼이 세상에 나와 각각 제 몸에 결합하여 완연히 산 사람이 될지니, 이때에 천신이 뭇사람을 데리고 한곳에 모이고 예수의 못 박혀 구속하신 십자가가 홀연히 공중에 나타나 보이리니, 착한 사람은 십자가를 보고 감사하여 기뻐하며, 악한 사람은 십자가를 보고 제 죄를 생각하여 어찌 놀라고 무서워 아니하리오?"

천주 예수 구름을 타시고 하늘로부터 내려오시리니, 뭇사람이 눈으로 그 얼굴을 보고 귀로 그 소리를 듣는지라. 예수가 세상에 계실 때는 인성을 취하여 천주의 무궁하신 권능과 위엄을 감추시어 다만 인자하시고 겸손하시고 인내하시는 모든 덕으로써 우리 사람을 가르쳐 구속 일을 공부하시더니, 이때에 이르러서는 그 위엄과 영광이 천지에 진동하여 당신의 지공 지의至公至義하심을 혁혁히 나타내어 보이심이라. 예수가 이미 내려와 임하시매, 성모 마리아가 가까이 모시고 무수한 천신은 차례로 옹위한지라. 천하 고금 사람이 세상에 있을 때, 생각한 바와 말한 바와 행한 바 착하고 그르나 낱낱이 다 드러나 뭇 사람이 서로 그 선악을 알아 가리움이 없느니라. 천주가 착한 사람은 상을 주어 그 육신과 영혼을 한가지로 천당에 올리시어 무궁한 복을 누리게 하시고 악한 사람은 벌하여 그 육신과 영혼을 한가지로 지옥에 내리시어 무궁한 괴로움을 받게 하시니, 지옥은 영원히 닫히고, 천당은 무궁세에 이르느니라.

한 사람이 묻되, "지금 사람이 죽는다면 천주 그 선악을 낱낱이 심판하시어, 상과 벌을 이미 정하여 계시는데, 어찌 세계 마칠 때에 다시 심판을 하시느뇨?"

대답하되,

"이는 천주 지의 지공至義至公하심을 나타내는 연고이니 세상에 악한 사람도 부귀를 누리며 종신終身토록 즐거워하는 이 있고, 착한 사람도 비천하여 일생을 괴롭게 지내는 자도 있으니, 사람이 이런 일을 보고 천지에 주재主宰가 아니 계신가 의심도 하고 혹 공변되지 못하신가 의심하는 고로, 천주가 뭇사람 앞에서 그 상과 벌을 공평히 판정하시니라. 악한 사람도 그중에 한두 가지 착한 일이 있기에, 천주 지극히 공변되시어 한 가지 착한 일도 갚지 아니하시는 일이 없는 고로, 이 세상의 작은 복을 주시어 작은 선을 갚으시고, 그 죽은 후에는 지옥에 내려보내 그 평생의 악한 일을 벌하시는 것이요, 착한 이도 그중에 한두 가지 허물이 있으니, 천주 지극히 엄하시어 한 가지 허물도 벌하지 아니하심이 없는 고로, 이 세상의 작은 괴로움을 주시어, 그 작은 허물을 단련하시고, 죽은 후에는 천당에 올리시어 그 평생의 착한 일을 갚으시는 것을 이때에 모든 사람이 다 밝히 알게 하심이라.

또 사람이 세상에 있을 때에는 그 마음을 알 길이 없어, 악한 사람도 겉으로 착한 체하면 남이 모르고 착한 줄 알며, 착한 사람도 괴로움을 받으면 남이 모르고 악한 줄로 알아, 사람의 선악이 밝히 드러나지 아니한 고로, 천주가 한 번 공변되이 심판하시어, 각 사람의 숨은 선악을 명백히 드러나게 하시어, 천하 고금 사람으로 하여금 다 서로 보고 서로 알아, 천주가 지극히 공변되신 것을 이때에 바야흐로 알게 하시느니라."

한 사람이 묻되,

"사람의 영혼은 죽지 아니하여 상과 벌을 입으려니와, 사람의 육신은 이제 죽어 흙이 되었는데, 어떻게 다시 살아 상과 벌을 입느뇨?"

대답하되,

"육신이 다시 산다는 말씀은 천주 예수 친히 입으로 하신 말씀이니, 반드시 믿을 것이요, 또 이치로 생각해 보아도 가히 알지라. 천주 천지를 조성造成하실 때에 없는 가운데로부터 천신과 사람과 만물을 내시었으니, 이미 없던 것을 내신 덕능德能으로 어찌 이미 있었던 사람을 다시 살리지 못하시리오?

또 영혼과 육신이, 두 가지가 한데 합하여야 온전한 사람이 될 것이라. 이제 천당에 오른 영혼이 비록 복락을 누리나, 육신과 합하기 전에는 반쪽 사람 모양이라. 필경, 그 육신이 다시 살아 영혼과 합하여야 가히 온전한 사람이라 할 것이니, 천주 어찌 천당에 있는 착한 사람을 반쪽으로 두시리오?

또 사람의 육신을 항상 살게 마련하셨거늘, 이제 죽는 것은 다름이 아니라 원조의 죄로 인하여 죽은 것이니, 세상 마칠 때에 원조가 끼친 죄벌도 끝나고 없어질지라. 원조의 죄벌이 이미 끝났으므로 본디 살게 마련하신 육신이 어찌 다시 살지 못하리오? 또 사람이 착한 일을 하나, 악한 일을 하나, 영혼이 혼자 하지 못하고 육신이 도와 한가지로 하나니, 마치 배고파하는 사람을 영혼이 먹이고자 하나, 혼자 하지 못하고 반드시 음식을 손으로 가지고 발로 걸어가서 눈으로 보고, 입으로 주노라 하여야 그 주린 사람을 가히 먹일 것이니, 그 손과 발과 눈과 입이 다 영혼을 따라, 한가지로 공을 세움이 아니냐?

또 영혼이 남의 재물을 도적질하고자 하나, 혼자 하지 못하고 반드시 발로 걸어가서 손으로 그 재물을 가져오나니, 그 발과 손이 다 영혼을 따라, 한가지로 죄를 범한 것이 아니냐? 육신이 이미 영혼을 따라 공을 세우고 죄를 지었으니, 육신이 마땅히 영혼을 따라 상을 받고 벌을 입어야 천주 공의公義에 가히 합당할지라.

또 이때에 각 사람이 제 본 몸을 취하여 부활하나니, 만일 그 영혼이 딴 몸과 합한다면, 이는 죄 없는 몸을 벌주며, 공 있는 몸을 상 주지 아니함이니, 어찌 천주의 지극히 공변되신 법이 이러하리오?

선자善者의 육신이 다시 살아나매, 천주 특별한 은혜를 베푸시어, 병신도 없고 늙은 모양도 없고 어린 모양도 없이, 다 예수의 모양과 같을지라. 예수는 착한 사람의 머리가 되시고, 착한 사람은 예수의 지체가 되니, 예수 서른세 해에 부활하시어 하늘에 오르신 고로, 모든 착한 사람도 그 머리와 같이 서른세 해의 모양이 되는 고로, 그 모양이 양선良善하고 강건하며 아름답고 기묘한지라.

천주 또 무궁하신 능으로, 네 가지 큰 은혜를 주심에, 하나는 무상손無傷損함이니, 병도 없고 괴로움도 없으며, 불에 타지 아니하고 칼에 상하지 아니하는 고로, 다시 죽는 일이 없이 무궁한 복을 누리는 것이요, 하나는 광명함이니, 육신에 영화로운 빛이 솟아나, 기이하고 찬란하여 햇빛보다 몇 배가 더함이요, 하나는 신속함이니, 이 세상 몸과 같이 무겁지 아니하고 가벼워, 날개가 없어도 빠르니, 가고자 하는 데는 하늘이나 땅이나 경각 사이에 이름이요, 하나는 투철함이니, 쇠에도 들어가고 돌에도 들어가, 아무 데라도 걸림이 없느니라.

이 몸이 무수한 천신과 무수한 성인과 한가지로 예수를 모시고 천당에 올라가, 무궁한 복락을 받아, 눈으로는 항상 좋은 모양을 보고, 귀로는 항상 기묘한 풍류를 듣고, 입으로는 항상 아름다운 맛을 먹고, 코로는 항상 기이한 향내를 맡으니, 온 세상에 복이 되고 즐거운 일을 모두 합하여 한 사람의 몸에 누려도 천당 복락의 만분지일萬分之一도 당치 못하는지라. 이는 오히려 육신의 복인 고로 형용하여 말하거니와, 영혼의 복락은 또한 육신보다 한량없이 더 좋으니, 어찌 말로 형용하여 알게 하리오? 영혼이 일찍이 천주의 얼굴을 뵈옵고 무궁한 영광을 받고, 만 가지 즐거움을 누리며, 천주를 뵈올수록 더욱 사랑하고 복락을 누릴수록 더욱 새로와, 그 마음에 가득히 차고, 또 천주의 친애하는 자식이 되어, 천신과 성인으로 더불어 서로 동생이 되고 서로 벗이 되어, 이렇듯이 무궁히 즐기니, 그 존귀하고 영화로움을 어디 다시 비하리오?

악한 사람은 육신이 다시 살아도 착한 사람과 상반相反하여, 그 몸이 검고 더럽고 흐리고 무겁고 흉악한지라. 천주가 지옥에 내려보내 무한한 괴로움을 받게 하시니, 비록 제 몸을 찢어서 죽이고자 하여도 죽지 못하고, 살아 있어도 죽는 것만 같지 못하여, 모든 악자의 육신이 서로 끼이고, 서로 눌리어, 불 가운데 있어서 마치 불 속에 넣은 쇠가 안팎 없이 다 불이 됨과 같고, 소금에 절인 고기가 안팎 없이 다 소금 모양으로 됨과 같은지라. 악인들이 서로 한탄하며, 서로 핍박하는 중에 요악妖惡한 마귀는 천방 백계天方百計로 아프도록 하여 무수히 난타하고, 또 눈으로는 항상 놀라운 모양을 보고, 귀로는 항상 벼락같이 놀라운 소리를 듣고, 입으로는 항상 만 가지 독한 맛을 먹고, 코로는 항상 온갖 더럽고 독한 냄새를 맡고,

온몸은 아프고 쓰리어, 톱으로 켜는 것보다 더하고, 창으로 찌르는 것보다 더하다. 숯불에 태우는 것보다 더하니, 천하 만고에 온갖 흉독凶毒한 형벌과 만 가지 아픈 괴로움을 한데 합하여 한 사람이 받는다 해도 지옥의 괴로움에 비하면 오히려 만분지일을 당치 못하는지라.

또 영혼의 괴로움은 육신의 괴로움보다 억만 배나 더 하여 매양 통곡하여 가로되,

'내가 세상에 생겨나서 잠깐 즐거움을 위하다가, 이런 흉악한 괴로움을 받으니, 애닯도다. 내 일이여! 세상에 있을 때에 내 양심을 속이지 말고, 바른말을 듣고 따라, 천주를 섬기며 조금 수고를 하였더면 성인과 같이 천당에 올라가 무궁한 목숨을 얻고 무한한 경사를 누릴 것을 심히 쉬운 일을 못하고 이제 이 불바다 속에 들어와 다시 나올 기약이 없으니, 이 괴로움이 만만 년을 지나도 처음과 같을 것이요, 억만세億萬歲를 지나도 끝이 없을지라. 무궁세無窮歲가 되도록 이 형벌 속에 있는 내 영혼과 육신이 죽어 없어지지 아니하리니, 이러한 서러운 광경을 어디에 다시 비하리오?' 하느니라."

8. 천주 강생하신 의심을 밝힘이라.

한 사람이 묻되, "천주는 본디 비롯함이 없어 스스로 계신 자라 하는데, 어찌하여서 한漢 애제哀帝 원수元壽 2년을 당하여 유대아 치

방에서 모친을 가리어 탄생하셨다 하느뇨?"[84]

대답하되, "구세주 예수는 한 위位에 두 성性을 합하여 계시니, 하나는 천주성天主性이요, 하나는 인성人性이라. 성모 마리아 복중腹中에 나심은 오직 그 인성을 취하심이요, 그 천주성은 무시無始로부터 스스로 계신 것이니, 어찌 한漢나라 때에 모친이 있어 비로소 낳았다 하리오? 예수의 천주성은 성모의 낳음이 아니요, 오직 예수의 인성만 성모의 낳으심이 됨을 이름이니라."

한 사람이 묻되, "예수는 인도人導 없이 낳아 계신다 하니 어찌 된 일인고?"

대답하되,

"예수의 몸이 비록 사람의 몸과 같으시나, 천주성天主性과 한 위에 결합하셨으니, 그 몸이 천주의 존귀하심을 포함하여 계신지라. 천주의 존귀하심을 포함하여 가지신 몸이 어찌 인도로 말미암아 낳았으리오? 반드시 천주성신의 기묘하신 능으로 잉태하여 낳으신 것이니, 성모 동신聖母童身에서 나심이, 이 천주천능을 나타내심이요, 또 모친의 태를 빌어 태어나신 것은[85] 참 사람이 되심을 나타내심이라. 예수 이미 인성을 취하신 고로 원조의 자손이 되시고 우리와 같은 혈맥이 되시는지라. 원조의 지은 죄와 우리들의 모든 죄를 천주 예수의 한 몸으로 가히 속할 것이요, 또 인도 없이 나신 고로,

---

84. [a,b. 나라 때에 모친이 있어 태어나 계시다 하나니]
85. [a,b. 친히 내실 것이오. 또 동신에서 나심은 전능하신 천주되심이 나타나 성모의 태중으로 나실]

홀로 원조의 죄에 물들지 아니하여 계시니라."

한 사람이 묻되,

"지극히 높으신 천주가 지극히 천한 사람과 결합하여 계심이 어찌 마땅하리오?"

대답하되,

"천주와 사람이 서로 합함에 사람은 천주와 같이 높아지려니와, 천주는 사람과 같이 낮아질 길이 없으니, 비유컨대 세상 임금이 신하의 딸을 왕비로 삼아 배합配合하면, 그 여인의 낮은 것은 없어져도 임금의 높은 것은 높은 대로 있음과 같으니라."

한 사람이 묻되,

"예수가 죽으실 때에, 천주성은 죽으심이 없고 응당 인성만 죽어 계시거늘, 어찌하여 '천주가 죽으시다' 하느뇨?"

대답하되,

"천주성이 비록 죽지 아니하셨어도 천주성과 인성을 합하신 몸이 죽어 계시니, 비유컨대 사람이 죽을 때에 그 영혼은 죽지 아니하고 육신만 죽되, 그 육신이 이미 영혼으로 더불어 합하여 한 사람이 된 고로, 사람이 죽으면 이르기를 '육신이 죽었다'아니하고 '그 사람이 죽었다'함과 같이, 이제 천주가 사람의 몸과 합하여 한 위位가 되셨으니, 그 몸이 죽으심을 보고 '천주가 죽으시다'한 말이 옳지 아니하리오?"

또 묻되,

"천주 예수가 한 번 작은 괴로움만 받으셔도 온 세상 죄를 다 넉넉히 속贖하실 것이어늘, 어찌하여 만고만난萬苦萬難을 받고 죽으셨느뇨?"

대답하되,

"천주가 수난하여 죽으신 뜻이 지극히 선하시니, 천주께서 사람을 사랑하시는 마음이 무궁무진無窮無盡하시어, 다시 더할 것이 없게 하려 하심이요, 또 천주 지극히 높으심으로 나타내시며 사람의 죄악이 지극히 중함을 보이고자 하심이요, 또 당신이 이미 사람을 위하여 죽기까지 하여 계시니, 사람도 천주를 위하여 죽기를 사양치 말라 하심이라. 또 사람이 한 가지 죄만 있을 양이면 당신이 한 가지 괴로움만 받으셔도 족하련마는, 사람이 죄를 범치 아니한 곳이 없기에, 예수가 거룩하신 몸에 형벌을 받지 아니한 곳이 없으시니라. 또 예수가 사람을 위하여 천주 성부께 자기를 드려 제사하여 희생을 대신하시니, 희생이 죽지 아니하면 제사를 드리는 예禮가 되지 못하는 고로, 이와 같이 예수가 죽음을 받으시고 그 몸으로 성부께 제사를 하심에, 천주 성부 그 제사를 받으시고, 사람의 죄를 온전히 사赦하여 주시니라. 천주께서 강생하시기 전에는 사람이 고양羔羊(어린 양)으로 천주께 제헌祭獻하더니, 예수께서 세상에 내려오심에 부귀한 집에서 나지 아니하시고 양羊의 우리 안에서 태어나시어, 양과 같이 제물이 되려 하신 고로, 특별히 춘분春分 때 고양으로 천주께 제사드리는 날을 가리어 고난을 받아 죽으신지라. 이 예수의 죽으심을 기억하여 천주교에서는 무궁세에 이르도록 예수 성체를 이루어, 천주께 제사하여 드리느니라."

또 묻되,

"천주가 어찌하여 우리나라에 나리지 아니하시고 서국西國에 나리시며, 또 천주의 교법教法이 이제야 우리나라에 왔느냐?"

대답하되,

"천주 한 곳에 나리시면 그 교법이 가히 천하에 두루 행할 것이요, 또 서국 유대아 지방에 나리심은 오직 이 나라 사람이 예로부터 천주 섬기기를 일삼아, 천주의 백성이 되는지라. 천주가 친히 십계도 주시고 구세주를 허락하시어, 매양 선지자를 보내어 구속하실 연유를 미리 알게 하신 연고이니라.

또 천주성교天主聖教가 우리나라에 이제야 온 것은 천주께서 사람을 사랑하시는 마음이 부족하심이 아니라 천주께서 사람에게 '천주교를 하라' 명하시나, 행하기와 아니하기는 사람에게 있으니, 천주께서 강박하여 시키는 일이 없는 고로, 그 착함도 제 공이 되고, 그 악함도 제 죄가 되는지라. 천주교를 사람이 스스로 받들어 행치 아니하면, 비록 천백 년이 되어도 광양廣揚치 못할 것이요, 또 천주교가 중국에 나온 지 오래되어 한漢나라 때에도 나오고, 당唐나라 초년初年에도 나오고, 그 후 명明나라 때에도 연하여 나오고, 조선에도 서책이 나온 지 백여 년이 되었으되, 믿어 행하는 사람이 드문 고로, 천주교가 지금까지 더디고 듣는 이도 늦게 들었으니, 어찌 천주를 탓하며, 어찌 천주교가 이제야 나왔다 말하리오?"

9. 천하 사람이 한 몸 같아, 아담Adam의 죄에 만민이 다 물들고, 예수의 공을 만민이 가히 입을 것이니라.

한 사람이 묻되,

"원조 한 사람의 죄로 만민이 어찌하여 물들며, 예수 한 위의 공을 만민이 어찌하여 입는고?"

대답하되,

"아담은 만민의 조상이 되는 고로, 그 죄의 해害를 만세자손이 다 받고 예수는 만민의 구세주가 되시는 고로, 그 공의 은택을 만세 사람이 다 입으니, 비유컨대 사람의 오장육부五腸六腑와 사지 백체四肢百體가 한 몸에 붙은 고로, 오장에 병이 들면 온몸이 그 해를 입어, 머리도 아프고, 입맛도 변하고 얼굴빛도 상하는지라. 만일 신통한 약을 먹어 오장의 병을 고치면 머리도 시원하고, 지절肢節도 가볍고, 입맛도 돌아오고, 얼굴빛도 좋아지는지라. 천하 고금 사람이 모두 아담 한 몸에서 생겨나 한 혈맥血脈이 되니, 아담의 죄는 오장의 병 같아서, 뭇사람이 다 그 해를 입고, 예수의 구속하신 공은 신통한 약 같아서, 뭇사람이 그 효험을 입느니라."

또 한 사람이 묻되,

"천주교의 말씀이 비록 중대하나, 우리나라 사람은 천주의 하신 일과, 천주의 하신 말씀을 눈으로 보지 못하며, 귀로 듣지 못하고, 다만 서국西國 사람의 말만 들은 것이라, 서국 사람의 말이 옳은 줄을 어찌 알리오?"

대답하되,

"서국 사람들이 부모 동생을 떠나, 수만 리 바다에 배를 타고 천신만고하여 열 번 죽을 뻔하고, 한 번 살아, 동국東國에 이르러 천주교를 전하였으니, 어떤 사람이라도 거짓말하자 하고 수고로이 십 리를 갈 리가 없거든, 어찌 거짓말을 하자 하고 수만 리에 죽기를 무릅쓰고 나올 사람이 있으리오? 혹 한 사람이나 나왔다 한들 어찌 천백 사람이 다 그러하리오?

또 천주교를 전하는 사람이 다 슬기롭고 착하여 천지 만물의 일을 밝게 통달하고 도덕이 빛나니, 어찌 천주교의 중대한 말씀을 허탄하다 하리오?

또 천주십계天主十誡 중 큰 관계가 있는 '거짓말이 큰 죄라.'고 일렀으니, 그저 거짓말도 죄가 되거든, 하물며 어찌 천주의 아니 하신 말씀을 '하였다.'하며, 천주의 아니 하신 일을 '하였다.'하리오? 천주교를 전하는 사람들이 다른 사람에게 '십계를 지키어 거짓말을 말라.'하면서, 어찌 자기가 거짓말을 하여 지중 지대至重至大하신 천주의 말씀을 그르쳐 지옥에 죄를 짐짓 범하리오?

또 '보지 못하고 듣지 못하였노라.'하여 마땅히 믿을 말씀을 믿지 아니하는 것이 큰 죄가 되니, 이를테면 세상 임금이 백성에게 전교傳敎와 윤음綸音을 내리려 하시면 반드시 먼저 가까운 신하에게 말씀하여 차차 감영에 전하고, 감영監營에서는 각 읍에 전하고, 각 읍에서는 면임面任에게 분부하여 백성들에게 전하나니, 만일 그 백성이 듣고 가로되,

'나라 임금의 얼굴도 내 눈으로 보지 못하고 임금의 말씀도 내 귀

로 듣지 못하였노라.'

하여 믿지 아니하고 봉행치 아니하면 그 죄 어떠할꼬? 반드시 죽기를 면치 못할지라. 천주 친히 성교聖敎를 서국西國에서 시작하여 세우시고 '만방 만세에 전하라.' 분부하셨으니, 이제 '보지 못하였노라.'하고 믿지 아니하며 봉행치 아니하면 그 죄가 세상 임금의 말씀을 믿지 아니하고 봉행치 아니함보다 만 배나 더욱 중하리라."

10. 천주교를 행하기 어렵다고 말을 못 할 것이니라.

한 사람이 묻되,

"천주교를 믿기는 쉬우나, 행하기가 어려우니라."하였다.

이에 대답하되,

"이미 천주 계시어 지극히 공번되시고 엄하신 줄을 알며, 또 그 영혼이 있어 죽지 아니하고, 없어지지 아니하는 것을 알며, 또 그 영혼이 반드시 천주께 무궁한 상벌을 받는 것을 알았으니, 어찌 어렵다고 핑계하여 성교를 봉행치 아니하리오? 이를테면 모진 불이 사면으로부터 타오는데, 몸이 조금 탈지라도, 그 불 밖으로 나가야 살 것이라면, 어찌 어렵다 하여 나가지 아니하며 범이 뒤로부터 쫓아 오는데, 달려가다 넘어질지라도 달아나야 살 테면 어찌 어렵다 하여 달아나지 아니하리오? 슬프다. 이 잠깐 세상에 목숨을 구하려 하여도 온갖 어려운 일을 혜지 아니하거든, 하물며 억만세에 목숨 구하기를 위하여, 어찌 어렵다 하여 힘쓰지 아니하리오? 또한 심히 어려운 일도 없느니라."

한 사람이 묻되,

"천주 십계 중에 '불의의 재물을 갖지 말라.'하시고, '남의 아내를 범치 말라.'하여 계시니, 가난한 사람이 불의의 재물을 아니 가지고 어찌 살며, 젊은 사람이 미색美色을 범치 아니하고 어찌 견디리오?"

대답하되,

"사람이 그른 노릇을 할지라도 다 부자가 되지 못할 것이요, 옳은 노릇을 한들 어찌 다 굶어 죽으리오? 또 재물은 천주께서 사람에게 주시는 것이니, 천주를 섬기고 옳은 노릇 하는 자를 천주께서 어찌 굶어 죽으라 하시리오?

또 사람이 제 아내만 있으면 족하거든 어찌 남의 아내를 범하는 것이 옳다 하랴?

불의의 재물을 탐함과 남의 아내를 범하는 즐거움이 천당의 즐거움과 어떠하며, 불의의 재물을 탐치 아니함과 남의 아내를 범치 아니하는 어려움이 지옥의 괴로움에 비하여 어떠하리오? 번개 같은 세상에 오직 즐거움만을 취하다가 무궁한 즐거움을 잃고 잠깐 어려움을 피하다가 무궁한 괴로움을 받고자 하니, 심히 미련한 일이 아니냐?

슬프다. 세상 사람들이 잠깐의 생활을 위하여 온갖 괴로움을 다 겪으며, 농사짓는 이는 곡식 섬을 얻고자 하여 손발이 부르터 피가 나며 온몸이 아프도록 땀을 흘리고, 장사하는 이는 돈량이나 늘이기를 위하여 풍우를 무릅쓰고 주야로 분주하거든, 이제 천당의 무궁한 복락을 얻고 지옥의 무한한 앙화를 면하기 위하여 잠깐 수고를 어렵다 하랴? 하물며 이 공부는 농사와 장사의 수고로이 애씀과 같지 아니한지라. 세속 일은 큰 수고를 하여 적은 이利를 얻거니와, 우리 공부는 잠깐의 수고로 무궁한 복락을 얻으니, 어찌 사람마다 이 공부를 힘쓰지 아니하리오? 다만 사람의 힘이 부족하여 착한 일을 하기가 어렵다 하나, 이는 어려워도 쉬운 법이 있으니, 천주의 명령을 들어 착한 공부하는 이를 천주 어찌 도와주지 아니하시리오? 천주께서 이미 생명을 주심에, 반드시 생명을 기르는 음식을 주시고, 몸을 주심에 반드시 몸에 입을 의복을 주시는 것과 같이, 이미 영혼을 주심에 반드시 영혼의 착한 공부하는 힘을 도와주시느니라."

11. 사람이 천주교를 들으면 즉시 믿어 봉행할 것이니라.[86]

한 사람이 묻되,

"이제 천주교의 말씀을 들으니, 마땅히 믿어 행할 일이로되, 천천히 내년부터 시작하면 어떠하뇨?"

대답하되,

"그른 일을 버리고 옳은 노릇하기를, 어찌 지금은 못하고 내년을 기다리리오? 자식이 부모를 섬기려 함에, 어찌 오늘은 못하고 내일부터 하겠노라 하리오? 이제 천주께서 세상 사람의 공변 된 부모가 되시니, 이미 부모 되시는 줄을 알고, 어찌 즉시 그 자리에서 섬기지 아니하리오? 이왕에 죄를 많이 짓고도 오히려 부족하여, 하루라

---

86. [a.: 들어올지니라]

도 죄를 더 짓다가 천주의 은혜를 받아 착한 공부를 하려 하느냐? 지금 하기 싫은 일을 어찌 내년에는 좋아하리오? 또 내년이란 말은 실로 헛말이요, 하기 싫은 핑계이니, 어찌 내년인들 참으로 하려는 마음이 있으리오?

슬프다. 이러한 사람들이 하루 되고, 이틀 되고, 한 해가 되고, 두 해가 되어 죄악이 더욱 깊을수록, 천주께서는 더욱 멀리하시어, 착한 공부를 행하기가 더욱 어려워질 것이니라. 내년이 지나면 또 내년을 기다리다가, 필경 그 모양으로 죽어 몸은 널 속에 들어가고, 영혼은 지옥에 떨어지면, 내년은 다시 없을 것이니, 이때에 내년을 기다리노라 하던 말이, 무엇이 유익하리오? 비유컨대, 독 속에 있는 물을 종구라기(조그만 바가지)로 퍼내어, 한 번 푸고, 두 번 푸고, 천만 번을 퍼내면, 필경 그 독의 물이 없어질 것이요, 사람이 세상에 생겨나서, 한 날 가고, 두 날 가고, 천만 날이 지나가면, 필경 죽을 기약이 이를 것이니, 독의 물이 마른 것을 보고, 어찌 맨 나중 종구라기가 그 물을 없이 하였다 하리오? 반드시 첫 종구라기로부터 물이 없어진다 할 것이요, 사람의 죽는 것을 보고, 어찌 죽는 날에야 죽었다 하리오? 반드시 낳던 날부터 죽어간다 이를 것이니라. 그러므로 사람이 세상에 살매 한 날이 지나면 무덤에 한 날이 가깝고, 한 해가 지나면 무덤에 한 해가 가까우니, 날마다 무덤을 향하여 가면서, 어찌 내년을 기다리며 공부 시작을 아니 하리오? 또, 그럴지라도 죽을 날을 미리 알면 오히려 혹 완완히 하려니와 죽는 날을 미리 알 길이 없으니, 사람이 염병을 얻어 땀을 내지 못하면 6, 7

일 만에도 죽고, 바람을 맞아 숨이 급히 막히면 경각 사이에도 죽고, 음식을 먹다가 죽기도 하고, 물과 불과 범과 뱀이 다 사람을 급급히 죽게 하니, 이렇듯이 죽는 일을 너는 어느 날, 어느 곳에서 당할 줄을 밝히 알아서 장래를 기다리고 방심하느냐? 세상 사람이 늙어서도 죽고, 어려서도 죽고, 악한 이도 죽고, 착한 이도 죽어, 사람 죽었다는 소문이 날마다 네 귀에 들리되, 너는 홀로 죽지 아니할 줄로 아느냐? 어찌 남 죽는 소문은 네 귀에 들리고, 너 죽은 소문은 남의 귀에 들리지 아니하랴? 사람이 한 번 죽으매, 경각 사이에 천주 무궁무진한 화복을 판단하시니, 천하에 이러한 무서운 일이 다시 없거늘, 일정一定 살런지도 모르는 내년을 기다리랴?

슬프다. 오늘 한 시각 사이에 죽는 사람이 얼마나 되는 줄은 모르되, 그중에 내년을 기다리다가 지옥에 들어간 이가 무수할지니, 너도 내년이란 말을 다시는 말지어다. 사람이 개과천선改過遷善하면 천주께서는 그 죄 사하심을 허락하여 주시나, 내년을 기다리는 사람에게는 내년을 허락지 아니하시나니, 너도 오늘부터 시작하고 미루며 핑계하지 말지어다."[87]

---

87. [a.: 어찌 깊이 생각지 아니하느뇨?]

정약종 연보

1760년 4월 25일(음력 3월 10일)	경기도 남양주군 와부면 능내리 마재에서 정재원의 셋째 아들로 출생.
1779년	천진암 주어사 강학회 열림.
1785년	명례방 집회 참석함.
1786년 4월(음력 3월)	둘째 형 정약전에게 천주교를 배우고 권일신을 대부로 삼아 이승훈에게 세례를 받음.
1791년	진산사건 발생함.
1794년 이후	지도층 신자들을 규합하여 교리를 연구하는 작은 공동체운동을 벌임.
1797-1798년	서울을 오가면서 주문모(周文謨, 1752-1801) 신부를 보좌함.
1799년	평신도 단체인 명도회明道會를 조직하여 초대 회장으로서 활동함.
1790년대 말	《주교요지》를 저술함.
1800년 6월(음력 5월 이후)	천주교 박해로 가족을 이끌고 서울로 이주함.
1801년 3월 24일(음력 2월 11일)	신유박해로 체포되어 포도청에 끌려가서 조사를 받고 천주교인임이 발각됨.
1801년 4월 8일(음력 2월 26일)	서울 서소문 형장에서 참수斬首되어 순교殉敎함. 음력 4월 2일 큰아들 정철상 순교함.
1839년	기해박해로 부인 유소사柳召史 체칠리아와 아들 정하상 순교함.
1929년 7월 5일	교황 비오 11세Pius XI에 의해 유소사, 정하상, 정정혜 시복.

1959년 4월 15일 – 4월 16일	천주교 순교자 현양회가 정약종의 무덤을 경기도 화성군 반월면 사사리 내곡(현 경기도 안산시 상록구 사사3동 안골)으로 이장함.
1981년 10월 3일	충주에서 정약전 묘지석 확인됨.
1981년 11월 1일	경기도 광주시 퇴촌면 우산리 앵자봉鶯子峰 아래에 위치한 천진암 성지로 묘를 이장함.
1984년 5월 6일	한국 천주교회 창설 200주년 기념 방한한 교황 요한 바오로 2세Joannes Paulus II에 의해 유소사, 정하상, 정정혜 시성됨.
2002년 1월	문화관광부에서 이달의 문화인물로 선정됨.

참고문헌

1. 원전자료

《주교요지》
— 1800년경에 필사된 것으로 추정되는 절두산 순교성지본.
— 1885년 블랑Blane 주교가 감준한 절두산 순교성지본.
— 1932년 뮈텔Mutel 주교가 감준한 한국교회사연구소본.
정약용. 《여유당전서與猶堂全書》. 신조선사 경인본.
이기경. 《벽위편闢衛編》.
황사영. 《백서帛書》.
《사학징의邪學懲義》
《일성록日省錄》
《조선왕조실록》
《추안급국안推案及鞫案》

2. 단행본 및 연구논문

김 철. 정약종의 《쥬교요지》에 대한 연구. 가톨릭대학교 석사학위논문. 1978.
김태영. 정약종의 천주 교리 이해. 역사와 경계 89. 2013.
박선환. 한국 초대교회의 호교론 −정약종의 《쥬교요지》와 정하상의 《상재상서上宰相書》를 중심으로−. 가톨릭대학교 석사학위논문. 1995.
방상근. 초기 교회에 있어서 명도회의 구성과 성격. 교회사 연구 11. 1996.
배요한. 정약종의 《주교요지》에 관한 연구. 장신논단 44. 2012.
서종태. 정약종의 《주교요지》에 대한 문헌학적 검토. 한국사상사학 18. 2002.
서종태 편. 주교요지. 국학자료원. 2003.

송석준. 정약종과 유학사상 : 《천주실의》와 《주교요지》의 유학적 상함 이론을 중심으로. 한국사상사학 18. 2002.

신의식. 한·중 천주교 선구자 정약종과 서광계 비교 연구. 교회사연구. 2020

신주현. 정약종의 쥬교요지에서 불교 비판 담론이 갖는 사상사적 함의. 한국사상사학. 2019.

안병선. 순교자 정약종의 사상과 영성 -《쥬교요지》를 중심으로-. 수원가톨릭대학교 석사학위논문. 1992.

안수강. 정약종의 "주교요지" 고찰. 역사신학 논총 26. 2013.

원재연. 정조대 천주교회와 교리서의 서술. 한국사론 31. 1994.

원혝톨. 한국신학:정약종의 주교요지를 중심으로. 원흥문화사. 1998.

이원순. 조선후기 실학자의 서학의식. 역사교육 17. 1975.

이종우. 정약용과 정약종 사상에서 천,천주의 인간에 대한 분노와 상벌 -《천주실의》와 관련하여-. 인문과학. 2015.

장희동. 정약종의 《주교요지》 고찰. 가톨릭대학교 석사학위논문. 1988.

조 광. 정약종과 초기 천주교회. 한국사상사학 18. 2002.

＿＿＿. 조선 후기 천주교회사 연구. 고려대학교 민족문화연구소. 1988.

＿＿＿. 한글로 밝힌 믿음 -정약종의 《주교요지》-. 경향잡지 1468호. 1990.

주명준. 정약종가문의 천주교신앙실천. 한국사상사학 18. 2002.

＿＿＿. 정약종 형제들의 천주교 신앙활동. 전주사학 1. 1984.

차기진. 성호학파의 서학 접촉과 척사론에 대한 연구. 한국정신문화연구원 한국학대학원 박사학위논문. 1996.

＿＿＿. 정약종의 교회 활동과 신앙. 교회사 연구 15. 2000.

최석우. 《사학징의邪學懲義》를 통해 본 초기천주교회. 교회사연구 2. 1979.

＿＿＿. 조선후기의 서학사상. 국사관논총 22. 1991.

하창호. 정약종의 호교론적 신론과 그리스도론 -《쥬교요지》를 중심으로. 대구가톨릭대학교 석사학위논문. 1992.

한 건. 정약종의 신학사상 ―《주교요지》를 통한 신론분석―. 한국사상사학 18. 2002.

한민택. 정약종의 《주교요지》에 나타난 하느님 이해와 신앙교육. 가톨릭신학 34. 2019.

Chong, Paul Ha-Sang. "Sang-Jaesang-Seo"[A Letter Addressed to the Prime Minister]. Translated by Won-Jae Hur. Edited and Introduced by Jaehyun Kim. *KIATS Theological Journal I.2*(2005).

Courang, Maurice, Bibliographie Corénne, vols.4, Paris, 1894–1901.

Claude-Charles Dallet. 한국천주교회사(전2권). 안응렬·최석우 역주. 왜관: 분도출판사. 1979.

Diaz, Hector. 《주교요지》와 한국 신학의 가능성. 교회와 역사 178. 1984.

_____. A Korean Theology *Chu-Gyo-Yo-Ji*. Fribourg: Imprimerie Saint-Paul, 1986.